中山大学南海战略研究院资助出版

中山大学国际问题研究文库

袁丁 主编

对外经济联系与国家影响力

FOREIGN ECONOMIC CONNECTIONS AND NATIONAL INFLUENCE POWER

庞琴　罗仪馥　著

中国社会科学出版社

图书在版编目（CIP）数据

对外经济联系与国家影响力／庞琴，罗仪馥著．—北京：
中国社会科学出版社，2018．10
ISBN 978－7－5203－3131－9

Ⅰ．①对…　Ⅱ．①庞…②罗…　Ⅲ．①对外经济—研究—中国
Ⅳ．①F125．4

中国版本图书馆 CIP 数据核字（2018）第 209620 号

出 版 人　赵剑英
责任编辑　宋燕鹏
责任校对　夏慧萍
责任印制　李寡寡

出　　版　中国社会科学出版社
社　　址　北京鼓楼西大街甲 158 号
邮　　编　100720
网　　址　http://www.csspw.cn
发 行 部　010－84083685
门 市 部　010－84029450
经　　销　新华书店及其他书店

印　　刷　北京明恒达印务有限公司
装　　订　廊坊市广阳区广增装订厂
版　　次　2018 年 10 月第 1 版
印　　次　2018 年 10 月第 1 次印刷

开　　本　710×1000　1/16
印　　张　11
插　　页　2
字　　数　160 千字
定　　价　58．00 元

凡购买中国社会科学出版社图书，如有质量问题请与本社营销中心联系调换
电话：010－84083683

目　　录

图表目录

第 一 章

绪　　论

本章是全书的绪论部分，首先阐述开展本书的现实背景，指出其理论及实践意义，再对所涉及的基本概念进行辨析，并简要介绍本书核心部分的研究方法。

第一节　研究背景

中国的崛起是当前世界格局中最重要的变化之一。中国经济的迅速发展，特别是与世界经济联系的不断加强，极大地改变了中国在世界其他地区的影响力。经过近 40 年的经济高速增长，中国目前已经是世界第二大经济体，2016 年的国内生产总值达到 11.20 万亿美元，仅次于美国的 18.57 万亿美元。[①] 在对外贸易领域，自 2013 年开始中国已经超越美国成为“世界第一大出口国”，出口额增长至 2.35 万亿美元，在世界总出口中占比为 10% 以上；2016 年起，中国又开始成为世界第一大进口国，进口额达到 1.95 万亿美元。[②] 中国

① 资料来源于：World Bank Open Data，https：//data. worldbank. org/，检索日期：2017 年 10 月 24 日。

② 详细数据请参阅：The World Bank Data，http：//data. worldbank. org/，检索日期，2017 年 10 月 24 日。

目前还是全世界120多个国家或地区的最大贸易伙伴。[①] 在对外投资领域，2016年中国对外直接投资额在世界排名为第11位，吸收外来投资额在世界排名第5位，这两项排名在发展中国家中都位列第一。[②] 与此同时，中国企业不断加强国际竞争力，并迅速开拓海外市场。在《财富》杂志最新发布的2017年“世界500强”名单中，中国企业上榜数量达115家，仅次于美国的132家，远超排位第三的日本的数量（51家）。[③] 中国与世界其他国家经济联系的紧密程度达到了前所未有的深度。

中国与世界经济联系的不断加强带来中国对外影响力的迅速增长，主要表现在以下三个方面：（1）国际体系层面。经济实力迅速崛起的中国开始对以美国为首的西方国家对国际经济组织的垄断性权力形成实质性挑战。比如，在区域全面经济伙伴关系（RCEP）和金砖国家集团（BRICS）等经济组织或带有经济属性的国际机制中，中国发挥着其他国家无可取代的关键作用。中国甚至开始尝试成为某些国际公共产品的提供者或联合提供者（即与其他国家一起主导成立某个国际机制），如亚洲基础设施投资银行（AIIB）等。此外，2015年人民币正式加入SDR货币篮子，与美元、欧元、日元及英镑并列成为国际储备货币[④]，也是中国成功打破发达国家垄断国际货币权力局面的重要表现。（2）国家层面。中国成为其他国家经济增长的动力来源之一。上文提及，中国是世界大多数国家的最大贸易伙伴国，也是主要的投资对象国，这意味着如果失去中国

① 《中国跃居世界第一货物贸易国》，新华网：http：//news. xinhuanet. com/fortune/2014 - 03/02/c_119565636. htm，检索日期：2017年8月4日。

② “The World Fact Book,” Central Intelligence Agency（CIA）：https：//www. cia. gov/library/publications/resources/the-world-factbook/，检索日期：2017年8月5日。

③ “Fortune 500 Rankings,” *FORTUNE*，http：//fortune. com/fortune500/，检索日期：2017年8月26日。

④ 《人民币加入SDR货币篮，打开国际化新篇章》，新华网：http：//news. xinhuanet. com/finance/2015 - 12/02/c_128490191. htm，检索日期：2017年8月4日。

这一经济伙伴，这些国家当前的 GDP 增长将出现明显缺口。(3) 社会/国内层面。各国民众对中国经济发展状况的关注程度日益提高。各国与中国之间的经济联系日益密切，这种联系既是国家之间的联系，也是市场、社会、民众之间的联系。中国经济实力增长通常伴随着中国商品、中国政府援助乃至中国游客在世界范围内的广泛渗透与分布，而这些又是直接关乎他国民众利益且能为他们所切身感受到的经济活动，使他国民众不得不高度关注中国的经济风向。值得留意的是，关注程度提高并不意味着这些国家的民众更加欢迎及拥抱中国的崛起，也有可能引起他们的排斥及反对心理。

然而，尽管中国经济增长与国家总的对外影响力出现同步增长，我们发现经济联系与影响力的关系在不同国家的表现差异很大。在亚洲和非洲部分发展中国家，如印度尼西亚和马来西亚，中国与它们的经济联系带动当地民众对中国的积极认知；但是有些国家如蒙古、日本和韩国，中国与它们的经济联系非常紧密，而且增长迅速，但是其民众对中国的“好感度”不仅没有上升反而下降。在欧美部分发达国家，同样的经济联系也没有带来民众对中国认知的改善。这意味着经济交往与影响力之间远远不是正相关关系这么简单，它受到各种因素的影响。那么究竟是哪些因素影响了它们之间的关系呢？又是如何影响的呢？这些就是本书希望解决的问题。如图 1 - 1 和 1—2 所示，我们选取了两国经济联系的最重要方面——贸易往来，以及皮尤研究中心（Pew Research Center）关于他国民众对中国看法（好感度）的调查结果这两个指标进行比对，可以清楚看到，2002—2016 年间，日本与韩国的贸易额呈现曲线增长的趋势，与此同时，两国民众对中国的好感度却呈现出总体下降的趋势，说明二者并不必然存在正相关关系，经济联系与影响力之间的关系可能远比线性相关关系复杂。

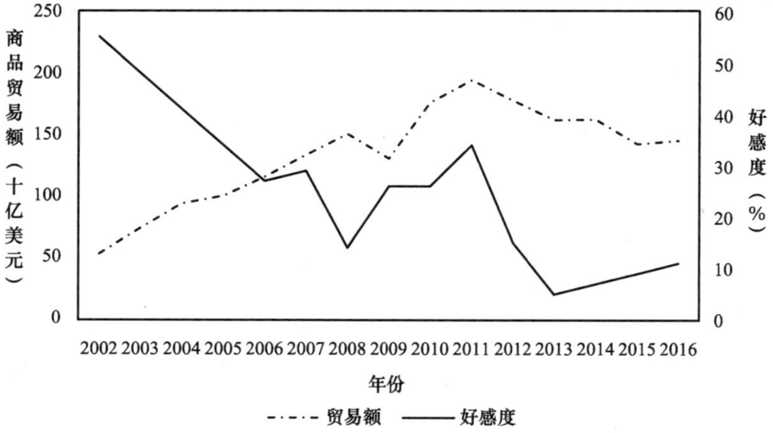

图1－1 中日贸易及日本民众对中国的好感度变化（2002—2016年）

说明：图表由笔者根据 UNCTAD（http：//unctadstat. unctad. org/EN/）和皮尤研究中心（http：//www. pewglobal. org/database/indicator/24/group/5/）的数据自制。其中，“好感度”是指受访者中对中国“有好感”（Favorable）的民众比重。图1－2与本图同。

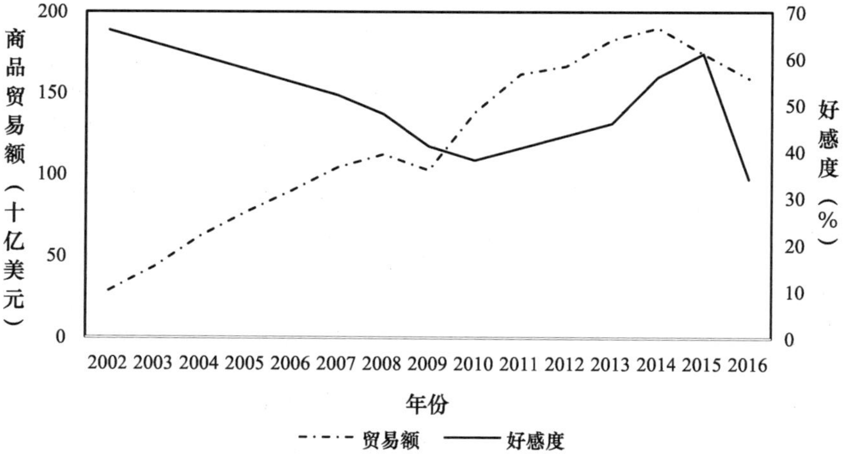

图1－2 中韩贸易及韩国民众对中国的好感度变化（2002—2016年）

第二节 研究问题及创新之处

如前文所述，本书的研究问题是哪些因素影响了经济联系与影响力之间的关系？影响的方式是怎样的？

本书主要有以下创新之处：第一，本书拓展海外公众对中国态度的研究。现有的文献主要在软实力的理论框架中展开；[①] 但是由于软实力首先是一个国际政治学的概念，强调国家作为权力施力者在国际政治活动中的一种能力，因此，多数相关文献侧重于中国政府，[②] 以及中国政府的行为如何影响海外公众对中国的评价，[③] 如中国的政治制度模式和价值观（“北京共识”），[④] 中国的外交政策，[⑤] 以及政府主导的文化项目（如孔子学院等），[⑥] 较少涉及海外经济活动如何影响外国公众对于中国的态度。然而，中国对外经济辐射已经成为外国公众形成对华认知和评价的重要

---

① 关于软实力的概念和衡量标准，参见 Joseph S. Nye, *Soft Power: The Means to Success in World Politics*, New York City: Public Affairs, 2004。

② 值得说明的是，约瑟夫·奈并没有说软实力仅仅来自于政府，他强调美国的公民社会也会对其他国家产生吸引力；但是，由于中国与西方国家的政治体制存在差异，国内外以中国为背景的软实力讨论往往特别突出中国政府的作用。

③ Joshua Kurlantzick, *Charm Offensive: How China's Soft Power Is Transforming the World*, New York: Yale University Press, 2007; Stefan Halper, *The Beijing Consensus: How China's Authoritarian Model Will Dominate the Twenty-First Century*, New York: Basic Books, 2010; Martin Jacques, *When China Rules the World: The Rise of the Middle Kingdom and the End of the Western World*, London: Allen Lane, 2009; Sheng Ding, "To Build a 'Harmonious World': China's Soft Power Wielding in the Global South," *Journal of Chinese Political Science*, Vol. 13, No. 2, 2008, pp. 193 – 213. 国内学者有关软实力研究，可以参见章一平《软实力的内涵与外延》，《现代国际关系》2006 年第 11 期；约瑟夫·奈著，王缉思、赵明昊译《中国软实力的兴起及其对美国的影响》，《世界经济与政治》2009 年第 6 期；门洪华《中国软实力评估报告（上）》，《国际观察》2007 年第 2 期。

④ Joseph Cooper Ramo, *The Beijing Consensus*, London: The Foreign Policy Centre, May 2004; Stefan Halper, *The Beijing Consensus: How China's Authoritarian Model Will Dominate the Twenty-First Century*, New York: Basic Books, 2010; Minglu Chen and David S. Goodman, "The China Model: One Country, Six Authors," *Journal of Contemporary China*, Vol. 21, No. 73, 2012, pp. 169 – 185.

⑤ Young Nam Cho and Jong Ho Jeong, "China's Soft Power, Discussions, Resources, and Prospects," *Asian Survey*, Vol. 48, No. 3, 2008, pp. 453 – 472.

⑥ James F. Paradise, "China and International Harmony: The Role of Confucius Institutes in Bolstering Beijing's Soft Power," *Asian Survey*, Vol. 49, No. 4, 2009, pp. 647 – 669; Falk Hartig, "Confucius Institutes and the Rise of China," *Journal of Chinese Political Science*, Vol. 17, No. 1, 2012, pp. 53 – 76; Leung, Chi-Cheng and Hilary du Cros, "Impact of Confucius Institutes," *China: An International Journal*, Vol. 12, No. 2, 2014, pp. 66 – 86.

来源。

第二，虽然经济发展所带来的经济交往的增加与影响力之间的关系是明显的，但是现有研究却缺乏对影响二者关系的因素进行深入分析。中国对外经济活动如何影响海外公众对中国的态度，国际学术界目前有两种截然不同的观点。一方面，部分学者承袭西方国家对中国的批评，认为中国的海外投资对当地环境造成破坏，引起部分原住民的不满；[①] 中国大量输出工业制成品，挤占海外本地生产商的市场，引起当地工商业阶层不满，即所谓的“新殖民主义”[②]；中国在原材料产地的投资建设，较少雇用当地工人，引起当地基层抱怨；等等。[③] 另一方面，许多学者通过调研发现，中国物美价廉的工业制成品改善了海外民众的生活质量，获得大部分特别是中下阶层民众的认可。[④] 另外，非洲和大洋洲岛国的田野调查发现中国企业在当地的经营受到欢迎，并没有产生强烈劳资矛盾或者引起本土居民不满。[⑤]一些发展中国家精英，特别是受过高等教育的知识精英，对于来自中国的基础设施投

① Princeton Lyman, “China’s Rising Role in Africa: Presentation to the US China Commission,” July 21, 2005, www. uscc. gov, 检索日期：2016 年 6 月 3 日。

② Johan Norberg, “China Paranoia Derails Free Trade,” *Far Eastern Economic Review*, Vol. 169, No. 1, 2006, pp. 46 – 49; Alex Fernandez Jilberto and Barbara Hogenboom, “Developing regions facing China in a neo-liberalized world,” *Journal of Developing Societies*, Vol. 23, No. 3, 2007, pp. 305 – 339; Firoze Manji and Stephan Marks, *African Perspective on China in Africa*, Nairobi: Fahamu, 2001.

③ Wei Liang, “China’s soft power in Africa: Is Economic Power Sufficient?” *Asian Perspective*, vol. 36, No. 4, 2012, pp. 667 – 692.

④ Vivien Foster, *Building Bridges: China’s Growing Role as Infrastructure Financier for Sub-Saharan Africa*, Washington, DC: World Bank Publications, 2009; Barry Sautman and Yan Hairong, “Friends and Interests: China’s Dinstinctive Links with Africa,” *African Studies Review*, Vol. 50, No. 3, 2007, pp. 75 – 114.

⑤ Barry Sautman and Yan Hairong, “African Perspectives on China-Africa Links,” *The China Quarterly*, Vol. 199, 2009, pp. 728 – 759; Shahar Hameiri, “China’s ‘Charm Offensive’ in the Pacific and Australia’s Regional Order,” *The Pacific Review*, Vol. 28, No. 5, 2015, pp. 631 – 654.

资表示欢迎，认为这是成功的“中国发展模式”在当地的延续。① 这两种截然相反的观点说明我国的经济活动在某些国家和地区获得较多民众信任，而有些国家却较少。由于现有研究主要采用个案或区域（如非洲和大洋洲）研究模式，重点关注单个国家或者区域国家对中国态度的特点和趋势，缺乏对不同国家之间的比较。因此，现有文献未能很好解释为什么我国的经济活动在某些国家能够获得较多民众支持而有些国家却较少？然而，这一问题在中国对外经济活动迅速增长的今天具有重要的现实意义。

第三，本书将为“有关中国经济实力的增长如何改变中国在世界格局中的地位?”的学术讨论提供新的视角。对于这一影响国际关系理论和实践的重要问题，现有的研究主要侧重从国家硬实力和国际体系的角度进行论述，较少从影响力的角度分析。中国崛起将如何改变现有国际秩序是当前国际关系理论界中有关中国问题的主要辩论。现实主义学者认为中国的崛起将不可避免地改变国际秩序的现状。② 自由主义学派则认为中国正在迅速地融入当前国际关系规则中，即使与其他国家存在一些摩擦，也不会对现有国际秩序形

① Paul Moorcraft, “Why Beijing Is Winning in Africa,” *Business Day*, February 2, 2007; Michael Chege, “Economic relations between Kenya and China, 1963 – 2007,” *The Guardian* (*London*), 2006; Jennifer Cooke (ed.), *US and Chinese Engagement in Africa*: *Prospects for Improving US-China-Africa Cooperation*, Washington, DC: Center of Strategic and International Studies, 2008, pp. 12 – 32.

② About the “assertive China”, see Alastair Iain Johnston, ‘How New and Assertive is China's New Assertiveness?’ *International Security*, Vol. 37, No. 4, 2013, pp. 7 – 48; Thomas J. Christensen, ‘The Advantages of an Assertive China: Responding to Beijing's Abrasive Diplomacy’, *Foreign Affairs*, Vol. 90, No. 1, 2011, pp. 54 – 67; Andrew Scobell and Scott W. Harold, ‘An “Assertive” China? Insights from Interviews’, *Asian Security*, Vol. 9, No. 2, 2013, pp. 111 – 131. Bernstein, Richard and Ross Munro, “The Coming Conflict with America,” *Foreign Affairs*, Vol. 76, No. 2, 1997, p. 19; Gertz, Bill, *The China Threat*: *How the People's Republic Targets America*, Washington, D. C.: Regnery, 2000; Kagan, Robert, “The Illusion of ‘Managing’ China”, *Washington Post*, 15 May 2005.

成威胁。[①] 二者本质上争论的焦点在于崛起中的中国对世界秩序的影响力的性质。前者认为这种影响力是“对抗性”的，因为挑战现有国际秩序意味着改变现有的权力与利益分配原则；而后者则认为这种影响力是“融入性”的，因为崛起后的中国会融入而非改变现有秩序。中国的影响力在何种情况下呈现“对抗性”特征，又在什么条件下“融入性”更为突出？对这一问题的回答是理解中国崛起与当前秩序之间关系的关键。

然而，在这个辩题的讨论中，无论是现实主义还是自由主义学派，目前的研究成果大都停留在权力体系层面，如美国的单极霸权、中美实力差距等以及中国国内政府与公众态度究竟是合作还是对抗的角度，却较少从影响力角度，即中国在世界其他国家民众中的影响力来讨论。但从国家对外影响力的内涵及特征[②]来看，影响力的作用对象应该涵盖体系、国家及社会（民众）等各个层面。本书将侧重于从社会层面分析中国在东亚地区的影响力，可以作为对现有主要理论流派对于中国影响力与东亚地区秩序之间关系的讨论的一点补充与拓展。

本书以中国与东亚的经济关系与中国在东亚各国的影响力为典型案例来探讨哪些因素介入并影响了它们之间的相互关系。狭义的东亚是指亚洲以东，涵盖了中国内地及中国香港、澳门和台湾三地[③]以及日本、韩国、朝鲜和蒙古等国家及地区的一个地理区域，

---

① Rex Li, “The China Challenge: Theoretical Perspectives and Policy Implications,” *Journal of Contemporary China*, Vol. 8, No. 22, 1999, pp. 443 – 446; John O'Sullivan, “A Yellow Peril? No: Excesses of the New Anti-China Lobby,” *National Review*, Vol. 52, No. 8, 2000, pp. 28 – 30; Ian Alastair Johnston, “Is China a Status Quo Power?”, *International Security*, Vol. 27, No. 4, 2003, pp. 5 – 56; Jonathan Kirshner, “The Tragedy of Offensive Realism: Classical Realism and the Rise of China”, *European Journal of International Relations*, Vol. 18, No. 1, 2012, pp. 1 – 23.

② 国家对外影响力内涵及特征在本章的第二部分“基本概念：国家对外影响力”中有详细的分析。

③ 如无特殊说明，本书的“中国内地（或大陆）”均简化为“中国”，中国香港、中国澳门及中国台湾则均简写为“香港”“澳门”及“台湾”。另外，本书所指的“国家”代表的都是“国家（或地区）”，即除了一般的国家，还包括港澳台三地，有时为了行文简洁，直接简化为“国家”。

从地理位置来看，本质上指涉的是东北亚地区。本书则采用更广泛的概念，将东北亚和东南亚都纳入东亚的范围，除了中国内地及港澳台三地外，还包括东盟成员、日本、韩国、朝鲜和蒙古共 18 个国家（或地区）。选择中国与东亚的经济关系以及中国在东亚地区影响力作为重点研究对象，主要基于以下几个原因。

第一，东亚地区在我国对外经济活动中占据重要的地位。截至 2015 年，我国对东亚地区的贸易额占我国对外贸易的 40.18%，① 而 2012 年我国对该地区的直接投资存量占据总量的 65%。② 无论从贸易、投资领域还是政策合作上看，中国与东亚都存在紧密的经济相互依赖关系。③ 以 2015 年的贸易情况为例，中国与东亚国家的货物贸易额占中国与世界贸易总额的 40%；④ 而 2012 年中国对东亚的直接投资额在其对外投资总额的比重也高达 65%，⑤ 双方经济贸易依存度较高。近几年来，中国陆续发起的亚洲基础设施投资银行（AIIB）和“21 世纪海上丝绸之路”等倡议的顺利实施离不开作为重要成员国或参与者的东亚国家的支持与配合。在 2017 年 8 月举行的东亚峰会上，外交部部长王毅就特别强调了中国将突出与东亚国家的经济发展合作。⑥ 基于此，中国与东亚的经济关系与东亚民众对中国的认知，以及二者之间的联系成为值得政策制定者与研究者高度关注的问题。

中国与东亚经济联系的高度紧密使得中国对外影响力的增强在

---

① 资料来源：IMF Database：http：//www. imf. org/external/data. htm。

② 资料来源：UNCTADstat.：http：//unctadstat. unctad. org/EN/。

③ 于津平：《中国与东亚主要国家和地区间的比较优势与贸易互补性》，《世界经济》2003 年第 5 期；张蕴岭：《中国同东亚的经济一体化与合作》，《当代亚太》2006 年第 1 期；江瑞平：《论中国经济增长与东亚经济合作的良性互动》，《外交评论》（外交学院学报）2006 年第 6 期；Guillaume Gaulier, Françoise Lemoine, Deniz Ünal-Kesenci, “China's Integration in East Asia：Production Sharing, FDI and High-tech Trade,” CEPII, Working Paper No. 2005 –09, pp. 43 –44。

④ 详细资料请参阅：IMF Database：http：//www. imf. org/external/data. htm。

⑤ 详细资料请参阅：UNCTADstat.：http：//unctadstat. unctad. org/EN/。

⑥ 《王毅出席第七届东亚峰会外长会》，中华人民共和国外交部：http：//www. fmprc. gov. cn/web/zyxw/t1483054. shtml（2017 –08 –07），检索日期：2017 年 8 月 8 日。

东亚地区的表现尤为突出。首先，中国推动东亚经济格局发生深刻转变。一方面，中国在东亚产业分工中的地位显著提升，当前东亚经济格局已由原来的日本领头的“雁阵”模式逐渐过渡到中日“双头列车”模式；[①] 另一方面，随着中国民众总体生活水平和消费能力的提高，中国还日渐成为东亚国家商品和服务流向的主要市场（出口对象国），逐渐在东亚地区经济中处于主体地位。[②]自20世纪90年代以来中国已经成为东亚多数国家经济增长的主要动力。[③]其次，中国是推动东亚地区经济合作的关键力量。[④] 区域内的“10+3”平台的建设、各项双边与多边自由贸易协议的谈判和签署，次区域级别的澜沧江—湄公河合作机制的创建，以及跨区域（东亚）的经济合作构想的实现，如AIIB和“一带一路”等离不开中国的支持、参与甚至主导。最后，中国经济“走出去”和“一带一路”倡议在东亚民众中引起较大关注及反响。[⑤] 而民众反响既有积极的声音，认为中国投资有利于改善当地民生，[⑥] 也包含消极的成分，如认为中国在当地的经济活动损害了民众的利益。[⑦]

---

① 金熙德：《“后‘雁行模式’”时代的中日关系》，《世界经济与政治》2002年第8期；张宗斌：《构建东亚经济增长的“新双头列车”机制》，《现代经济探讨》2005年第7期。

② 纪鸿超：《中国与东亚各国的相互影响力研究——基于I-RBC理论的检验》，《亚太经济》2013年第6期。

③ 陈绍峰：《“东亚奇迹”能否持续?》，FT中文网：http：//www. ftchinese. com/story/001067157（2016—04—19），检索日期：2017年8月26日。

④ 竺彩华：《东亚经济合作何去何从？——从中美日实力消长谈起》，《外交评论》2012年第1期。

⑤ 《助力打造“数据引擎”投身建设“一带一路”》，新华网：http：//news. xinhuanet. com/world/2017-05/03/c_1120909978. htm（2017-05-03），检索日期：2017年8月28日。

⑥ 《国外媒体热议中国发展 关注中国经济新常态》，中国经济网：http：//intl. ce. cn/specials/zxgjzh/201501/23/t20150123_4414981. shtml（2015-01-23），检索日期：2017年8月28日；《外国各界人士：受益中国发展 关注中国两会》，中国经济网：http：//intl. ce. cn/sjjj/qy/201703/03/t20170303_20713193. shtml（2017-03-03），检索日期：2017年8月28日。

⑦ 比如印度尼西亚龙湾3×315MW机组煤电厂项目工地遭当地暴徒袭击而中断，缅甸密松水电站由于极端环保组织抗议而停工，等等，都是中国海外项目因为当地民众阻挠而受损的案例。详见：《媒体盘点中企九大海外受阻项目：外资打压中国成习惯》，凤凰网：http：//finance. ifeng. com/a/20150405/13609302_0. shtml（2015-04-05），检索日期：2017年8月29日。

第二，东亚在中国国家安全和对外战略中处于关键地位。我国在东亚地区的安全冲突尤其是领土领海争端最为密集。该地区处于我国的"一带一路"倡议中"21 世纪海上丝绸之路"起始地带，也是我国多个区域性经济一体化组织如中国—东盟自由贸易区、中日韩自由贸易区，以及筹备中的"区域全面经济伙伴关系(RCEP)"的核心地区。关注及研究中国在该地区的影响力及其成因对我国经济外交具有重要的指导意义。

第三，考虑到东亚周边国家对华态度差异较大，且它们各自发展水平差异显著，既包括发达国家也包括发展中国家，而且它们在当前东亚生产网络中各自发挥着不同的作用。[①] 因此，相比非洲和大洋洲岛国等以发展中国家为主的地区，对该地区的研究更具有代表性。选取东亚这样内部差异性显著的样本，便于开展相关的比较研究，从而对经济联系与国家对外影响力之间的关系形成更加全面客观的认知。

第三节　研究意义

前文提及，对一国对外影响力的分析主要在软实力的理论框架中进行，相应地，关于中国在东亚地区影响力的研究也以中国在该地区的软实力为主，但即使采用的是相似的理论框架，研究所得结论也不尽相同，甚至出现相互矛盾的问题。一方面，有些学者认为，

① 刘昌黎：《论日本政府回避中日自由贸易区的原因与中国的对策》，《世界经济与政治》2006 年第 12 期；李东、栾雅钧：《浅议中国与东南亚国家的国际贸易关系》，《世界经济研究》2001 年第 4 期；Zhao Hong, "Japan and China: Competing for Good Relations with Myanmar," *The Journal of East Asian Affairs*, Vol. 28, No. 2, 2014, pp. 1 – 23; Mansoo Jee, "Korea's Dynamic Economic Partnership with a Rising China: Time for Change," *Journal of International and Area Studies*, Vol. 19, No. 2, 2012, pp. 63 – 75; John Wang and Sarah Chan, "China-ASEAN Free Trade Agreement: Shaping Future Economic Relations," *Asian Survey*, Vol. 43, No. 3, 2003, pp. 507 – 526。

中国拥有丰富的软实力资源，比如关于发展的“北京共识”、[①]历史悠久的中华文明[②]以及和平发展外交政策，[③] 因而中国对包括东亚国家在内的各国具有“魅力攻势”（charm offensive）；[④] 另一方面，研究国际公众对中国的认知的学者又倾向于认为中国的国家吸引力较弱，[⑤] 尤其对中美软实力进行对比时，可以发现外国民众在政治和文化方面对中国的认同度更低，而且与美国军事关系紧密，社会民众的民主、自由和平等意识更强烈的国家对美国的倾向更明显。[⑥]

产生上述问题的原因在于角度的差异。对软实力的研究往往从权力施力者角度，描述权力强弱或者资源多少，而较少从受力者对施力者本身及其相关资源的认知和态度的角度分析软实力及其资

---

① Joseph Cooper Ramo, *The Beijing Consensus*, London: The Foreign Policy Centre, 2004; Stefan Halper, *The Beijing Consensus: How China's Authoritarian Model Will Dominate the Twenty-First Century*, New York: Basic Books, 2010. Chen Minglu and David S. Goodman, "The China model: one country, six authors," *Journal of Contemporary China*, Vol. 73, No. 21, 2012, pp. 169 – 185.

② Bates Gill and Yanzhong Huang, "Sources and limits of Chinese 'Soft Power'," *Survival*, Vol. 48, No. 2, pp. 17 – 36; Paradise, J. F., "China and International Harmony: The Role of Confucius Institutes in Bolstering Beijing's Soft Power." *Asian Survey*, Vol. 49, No. 4, 2009, pp. 647 – 669; Falk Hartig, "Confucius Institutes and the Rise of China," pp. 53 – 76; Leung chi-cheng and Hilary du Cros, "Impact of Confucius Institutes, China," *An International Journal*, Vol. 12, No. 2, 2014, pp. 66 – 86.

③ Young Nam Cho and Jong Ho Jeong, "China's Soft Power, Discussions, Resources, and Prospects," *Asian Survey*, Vol. 48, Issue 3, 2008, pp. 453 – 472.

④ Kurlantzick, Joshua, *Charm Offensive: How China's Soft Power Is Transforming the World*, London: Yale University Press, 2007; Stefan Halper, *The Beijing Consensus: How China's Authoritarian Model Will Dominate the Twenty-First Century*, New York: Basic Books, 2010; Martin Jacques, *When China Rules the World: The Rise of the Middle Kingdom and the End of the Western World*, London: Allen Lane, 2009; Ding, S., "To Build a 'Harmonious World': China's Soft Power Wielding in the Global South," *Journal of Chinese Political Science*, Vol. 13, No. 2, 2008, pp. 193 – 218.

⑤ Bridget Welsh and Alex Chang, "Choosing China: Public Perceptions of 'China as a Model'," *Journal of Contemporary China*, Vol. 93, No. 24, 2015, pp. 442 – 456; Yun-han Chu, Liu Kang and Min-hua Huang, "How East Asians View the Rise of China," *Journal of Contemporary China*, 24: 93, 2015, pp. 398 – 420; Gregory G. Holyk, "Paper Tiger? Chinese Soft Power in East Asia," *Political Science Quarterly*, Vol. 126, No. 2, 2011, pp. 223 – 254.

⑥ Min-Hua Huang and Bridget Welsh, "Follow the Leader? Soft Power of China and the US Compared," Paper prepared for delivery at conference on "China's Rise: Assessing Views from East Asia and the United States", co-organized by the Brookings Institution's John L. Thornton China Center and Center for Northeast Asian Policy Studies, March 29, 2013.

源。比如有些学者认为，一国软实力的提升与衰落均源于该国的对外政策主张与实践，[①] 或者明确指出，增强中国软实力的关键在于改革社会体制、提升国家形象以及建立与他国友好关系，[②] 这些观点的共同点是都在权力施行者上寻找软实力的成因。少数从受力者的视角出发研究中国软实力的学者认为，受力国家的民众的性别、族群属性、宗教信仰等影响其对中国的看法，[③] 此外，民众对中国的了解途径、个人与中国人的交往情况以及所属国家的经济社会发展情况也是重要的影响因素。[④] 也有学者指出，受力国的政治价值观、历史、地理和社会经济条件，[⑤] 与中国的地理文化相近性[⑥]等国家层面的因素也会影响该国民众对中国的看法。尽管现有这一小部分文献分析了民众个体的特性或者国家的属性，却很少有研究将国际关系中最为重要的宏观因素，包括经济依存、政治关系、历史上的恩怨、现实的争端、文化交流、外交政策等作为中国软实力现状成因的重要变量进行分析，导致国际关系中最重要的因素被排除出研究视野，相关研究成果也就很难对中国的对外影响力现状及外交进行清晰准确的定位与献策。

---

① Joseph S. Nye, "Soft Power and American Foreign Policy," *Political Science Quarterly*, Vol. 119, No. 2, 2004, pp. 255 – 279; Jean A. Garrison, "China's Prudent Cultivation of 'Soft' Power and Implications for U. S. Policy in East Asia," *Asian Affairs: An American Review*, Vol. 32, No. 1, pp. 25 – 30; 方长平:《中美软实力比较及其对中国的启示》,《世界经济与政治》2007 年第 7 期。

② Yan Xuetong, "The Path for China to Increase its Soft Power," *China and World Affairs*, Vol. 2, Issue1, 2006, pp. 1 – 3.

③ 王正绪、杨颖:《中国在东南亚民众心目中的形象——基于跨国问卷调查的分析》,《现代国际关系》2009 年第 5 期。

④ 陈文:《两广地区东南亚留学生眼中的中国国家形象》,《世界经济与政治》2012 年 11 期。

⑤ Bridget Welsh and Alex Chang, "*Choosing China: public perceptions of 'China as a model'*," pp. 442 – 456; Min-hua Huang and Yun-han Chu, "The Sway of Geopolitics, Economic Interdependence and Cultural Identity: Why are Some Asians More Favorable toward China's Rise than Others?", *Journal of Contemporary China*, Vol. 24, No. 93, pp. 421 – 441.

⑥ Yun-han Chu, Liu Kang and Min-hua Huang, "*How East Asians View the Rise of China*," pp. 398 – 420.

总体而言，现有关于中国在东亚各国影响力的研究数量繁多，但大多数局限于软实力的理论框架内，导致重复性研究较多。本书一方面从软实力的研究路径中汲取经验，即从吸引力的角度理解国家对外影响力；另一方面也试图突破软实力理论的既有框架（即从国家层面解释软实力的成因），寻求从国际及国内（社会民众）层面对中国在东亚各国的影响力现状进行分析。

研究中国在东亚地区的国家影响力具有重要的实践意义。目前中国正在大力推行“一带一路”倡议，其主要目标之一是“促进经济要素有序自由流动、资源高效配置和市场深度融合，推动沿线各国实现经济政策协调”①，凸显了中国实施该战略的主要利益考量——扩大且深化中国与区域乃至全球的经贸关系。作为“一带一路”的重要“一头”，② 作为“21世纪海上丝绸之路”（“一带一路”中的“一路”）的“第一站，也是最重要的一站”，③ 东亚国家的支持和参与是该倡议得以顺利推进的重要保障。而这些国家在行动上是否支持中国的倡议又取决于各国（民众）对中国的态度与认知。因此，高度重视东亚地区及在该地区的国家影响力是中国推进“一带一路”国际合作的题中应有之义。

研究中国在东亚的影响力的实践价值还体现在，中国对外影响力如何，或者更具体而言，东亚国家民众如何看待中国在该地区日益扩大的经济活动，不仅影响中国在当地经济活动的可持续性，也会影响这些国家的政府配合中国共建区域经济合作制度的意愿。以中国在缅甸的投资活动为例，一小部分民众认为中国投资的密松水

① 《推动共建“一带一路”的愿景与行动》，中华人民共和国国务院新闻办公室：http://www.scio.gov.cn/zxbd/tt/jd/Document/1397423/1397423.htm（2015-03-28），检索日期：2016年12月18日。

② 同上。

③ 傅梦孜、楼春豪：《关于“21世纪海上丝绸之路”建设的若干思考》，《现代国际关系》2015年第3期。

电站项目会破坏当地环境，采取抗议活动，导致该项目被迫于2011年暂停；不少民众错误地指责中国的经济活动为“新殖民主义”，相关负面评价影响至政府层面，缅甸政府还于2014年7月搁置两国铁路项目。类似的例子还有斯里兰卡于2015年暂停科伦坡港口城项目等等。这些事例表明海外公众对中国投资和贸易活动的态度严重影响中国的国家利益。[①]

第四节 基本概念：国家对外影响力

国家对外影响力是贯穿本书的核心概念，也是本书的主要研究对象。国际政治研究中较早涉及“影响力”这一概念的学者是现实主义大师汉斯·摩根索。他在《国家间政治》一书中提道，“作为社会的一分子，决定我们是什么的，乃是我们在自己同胞的心灵之镜中的形象而不是我们的本来面目，尽管镜中的形象可能只不过是本来面目的歪曲反映”。[②] 这在某种程度上道出了国家对外影响力的内涵及重要意义：首先，如果说实力（或权力）是“我们本来的面目”，对外影响力则是“我们在自己同胞的心灵之镜中的形象”，只不过这里的“我们”是指“本国”，“我们的同胞”则指“他国民众”；其次，正如呈现在社会上的是“别人眼中的我们”，而非“原本的我们”，国家在国际社会中最终呈现的形象通常也是对外影响力而非实力的体现，当然，一般情况下“别人眼中的我们”都是以“原本的我们”为参考依据的。拉斯特和斯塔尔也强调，影响力

① 杜德斌、马亚华：《“一带一路”：中华民族复兴的地缘大战略》，《地理研究》2015年第6期。

② ［美］汉斯·摩根索：《国家间政治：权力斗争与和平》，徐昕等译，北京大学出版社2006年版，第110页。

“有一部分是心理现象，产生于对其他国家能力和意图的认知”①，从这一意义上看，获取国家对外影响力的关键就在于如何“争取人心”。

以上述学者对影响力的分析为基础，本书提出国家对外影响力的基本定义——一个国家（A）对另一个国家（B）的影响力是指在两国之间的相互依赖关系基础上，B 国公众对于 A 国影响的大小以及性质的一种心理判断，以及由此所产生的接受 A 国影响的意愿。该定义包含了以下两方面内涵：

首先，国家对外影响力本质上是一种心理认知，即他国民众对本国影响的看法。这也是本书选择从社会层面探讨影响力的原因之一——国家对外影响力本身是无法脱离社会民众而存在的。

其次，与权力强调施力者的主观能动性不同的是，影响力更突出施力者与受力者之间的互动。摩根索提出的权力的经典定义是“支配他人的思想和行动的能力”②。在该定义中，施力者的“支配”是权力产生的关键，而受力者在其中完全处于被动状态或客体地位。但影响力则不同，它的产生首先需要施力者对受力者施加影响，再通过后者对这种影响做出反应来实现，施力者和受力者完成一次完整的互动。这意味着我们在探讨国家对外影响力时，必须高度关注施力者与受力者之间的联系（可能是政治抑或经济、文化等方面的联系），因为这种联系是双方互动产生的前提。

另外，需要特别指出的是，影响力可以分为政治、经济、文化、军事、外交等多个方面，而本书中的影响力是指经济方面的影响力。经济影响力虽然可以用于理论分析，但是在现实中精确地分离一个国家在其他国家社会中各种不同方面的影响力非常困难；因

① ［美］布鲁斯·拉斯特、哈维·斯塔尔：《世界政治：供选择的菜单》，王玉珍等译，华夏出版社 2001 年版，第 114—115 页。

② ［美］汉斯·摩根索：《国家间政治：权力斗争与和平》，徐昕等译，第 139 页。

此，本书中的经济影响力实际上是一种以经济影响为主的影响力。

摩根索在对权力与影响力进行辨析时，强调二者之间的区别在于前者具有支配的功能，而后者“只能劝说，不能强迫”[①]。这与后来约瑟夫·奈提出的软实力概念有异曲同工之妙。[②] 奈的软实力本质上也是一种吸引力，即他国政府和民众对本国总体形象抑或在某一特定领域或事件上的认知及认可程度。郑永年也指出：“当受力者主动、自愿地去寻求和接受某种力量时，这个力量就具有软力量（即软实力）的特征。”[③] 本书所关注的国家对外影响力强调的正是一国民众作为受力者对另一国影响的心理判断及接受该国影响的意愿。从这一意义上看，国家对外影响力的确具备软实力的特征。

事实上，现有关于外国公众对一国态度的研究主要从软实力的理论框架中展开。但本书不采用软实力，而使用对外影响力的概念，主要基于以下两个原因。第一，软实力强调国家作为施力者，其权力来源是一国的文化、价值观与外交政策。[④] 软实力的根本目的是将制度、价值、文化和意识形态演化为重要的资源力量对国际社会的外生变量发生作用，[⑤] 从而增强该国外交政策在其他国家眼中的合法性。[⑥] 而本书中的影响力不强调国家的作用，且主要关注经济而非政治或文化因素，因此，软实力框架不太适用于本书。第

---

① ［美］汉斯·摩根索：《国家间政治：权力斗争与和平》，徐昕等译，第 57 页。

② 约瑟夫·奈认为软实力是通过拉拢而非强迫或偿付的手段影响他人以获得希望的结果的能力。Joseph S. Nye, *Soft Power: The Means to Success in World Politics*, New York: Public Affairs, 2004, p. 10.

③ 郑永年、张弛：《国际政治中的软力量以及对中国软实力的观察》，《世界经济与政治》2007 年第 7 期。

④ Joseph S. Nye, “Public Diplomacy and Soft Power,” *The Annals of the American Academy of Political and Social Science*, Vol. 616, No. 1, 2008, pp. 94 – 109.

⑤ 章一平：《软实力的内涵与外延》，《现代国际关系》2006 年第 11 期。

⑥ Joseph S. Nye, *Bound to Lead: The Changing Nature of American Power*, New York: Basic Books, 1990, pp. 32 – 33.

二，软实力作为一种以意识形态霸权为基础的力量，其分析框架更加适合具有意识形态力量的守成霸权国。对于中国这种崛起中的经济大国，意识形态力量有限，其影响力主要侧重于经济方面，影响力的概念则更加适合于分析中国。

在本书中，国家影响力将被划分为两个基本维度：影响力的大小及影响的正面性。

第一，影响力大小，即外国民众认为一国对本国的影响（主要是经济方面的）是否重要。当较多公众判断 A 国对本国的影响大，如果 A 国改变对本国原来的经济政策，他们会倾向于认为本国需要做出较大的改变来适应这一变化。这就意味着公众特别是某些利益集团可能会通过各种方式影响本国政府，尽可能满足 A 国的要求从而减少不利影响。影响力的大小在本质上是国家之间相互依赖的敏感性表现。基欧汉和奈认为在相互依赖的双方中，当 A 对 B 的变化需要付出的代价越高且越紧迫，A 对 B 相互依赖的敏感性越高，B 的相对权力则较强。① 类似地，每个国家的民众都会对其他国家对本国的影响大小进行区分，某一些国家影响大而另一些国家影响小。他们倾向于认为本国社会更加敏感地依赖影响力大的国家而较不敏感地依赖影响力小的国家。

第二，影响力的正面性，即民众判断一国对本国的经济影响在多少程度上是正面或负面。这是影响力的关键层次，如果民众认为 A 国对本国的影响正面，他们会更加乐于接受 A 国影响。如果 A 国国内的政治经济情况发生改变，或者 A 国对本国的经济政策发生改变，对本国经济造成影响，那么民众就会有较强的动机支持（利益集团通过各种方式影响）本国政府满足 A 国的要求，因为失去正面影响意味着较大损失，而且找到能够替代积极影响的机会显然会比

① ［美］罗伯特·基欧汉、约瑟夫·奈：《权力与相互依赖》，门洪华译，北京大学出版社 2002 年版，第 10 页。

较小。影响力的正面性关系类似于基欧汉和奈所强调的相互依赖的脆弱性关系。[①] 在相互依赖的双方中，一方对相互依赖的脆弱性越高，即他需要对另一方的变化所付出的代价越高，且能找到替代另一方的可能性越低，则他的权力越小而另一方的权力就越大。相应地，当一个国家对外国民众的影响越正面，民众对该国的依赖其实就越脆弱，而该国对他们的影响力就越强。

国家对外影响力的根本意义在于改变受力国对施力国的政策。那么，影响力是如何改变受力国政策的呢？单纯从上述影响力的大小或者正面性两个单维度来解释存在以下问题：如果有些国家内部民众认为中国的影响大但是比较消极，这种影响力很难推动他们争取本国政府采取积极对华政策；同样地，如果有些国家民众认为中国影响积极但不大，这也不足以产生强大的社会动机推动政府积极的对华政策。因此，我们通过将两个维度交叠产生四个对外影响力分类（如图 1 – 3 所示），分别是：A，认为该国影响重大且正面；B，认为该国的影响重大但负面；C，认为该国的影响小且负面；D，认为该国的影响小但正面。我们认为只有 A 类影响力，即外国民众认为中国影响力大且正面，才能产生较为明确的社会动机争取积极的对华政策，或者积极地接纳来自中国的政策倡议如“一带一路”等。B 类影响力，外国民众认为中国影响力重大但负面，只能产生有限的动机推进对华有利政策；对于接纳来自中国的倡议而言，除非中国的倡议的确与他们的观点一致，否则很难得到他们认可。C 类型的影响力基本无法产生积极的政策影响。D 类影响力对积极政策的推动力非常有限。

---

① ［美］罗伯特·基欧汉、约瑟夫·奈：《权力与相互依赖》，门洪华译，北京大学出版社 2002 年版，第 12 页。

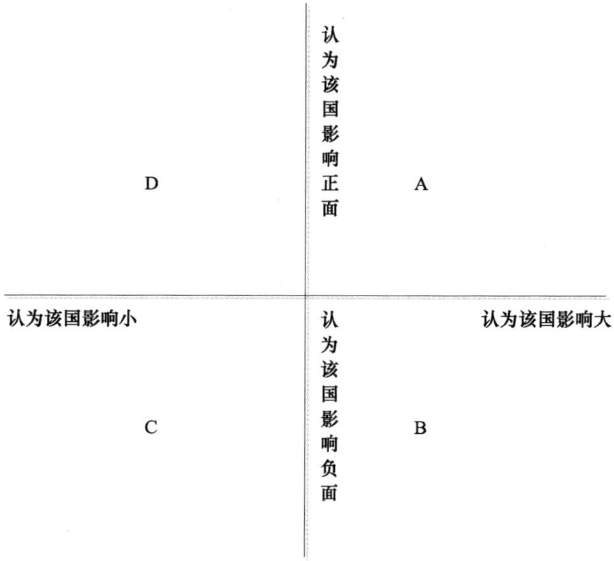

图 1－3　一国对外影响力的 ABCD 分类

资料来源：笔者自制。

第二章

中国与东亚的经济联系：历史发展与现实特征

中国与东亚地区的经济联系是本书的“自变量”。在探讨中国与东亚经济关系如何影响中国在该地区的影响力之前，本章首先简单回顾并描述双方经济联系的发展历程、紧密度及特征。经济关系所涉内容广泛，考虑到本书主要探讨中国在本地区的影响力，本章选择贸易、投资、政府援助、劳务流动四个方面着手，这些经济交流涉及多样化且丰富的人文和社会交流，将对东亚国家民众对中国认知产生重大的影响，特别是贸易和投资两方面，将会是本章的重点。

第一节　贸易关系

整体来说，中国与东亚的贸易在中国对外贸易中比重占据极其重要的地位；1978 年以来该比重一直维持在 40% 以上，有的年份甚至高达 64%。[①] 就单个国家来说，从 2016 年的贸易数据来看，中国也是除文莱和老挝以外的绝大多数东亚国家（或地区）的第一大

① 详细数据请参阅：IMF Data：http：//www. imf. org/en/Data。

贸易伙伴。[①] 以下将从发展趋势、双方贸易依存度、收支关系、贸易结构四个方面对双方的贸易关系进行阐述。

一 贸易发展趋势

中国与东亚的商品贸易自1978年以来总体呈逐步增长趋势。1978年双方贸易额仅为879930万美元，到2016年已高达14967亿美元，在此期间除了2008—2009年、2015—2016年两个阶段出现过明显回落外，其他年份中国—东亚的贸易增长情况都相当可观（具体数据请看表2-4和表2-5）。具体来说，两者的贸易存在三个明显的阶段。

第一阶段，1978—2000年，双方贸易稳步增长。70年代开始，在以日本为领头的"雁行模式"的带动下，"亚洲四小龙"及"亚洲四小虎"通过推行出口导向型战略，相继在短时间内实现了经济的腾飞。中国适时推行的"对内改革，对外开放"战略，使中国与东亚在这一时期的贸易迅速发展，年平均增长率高达16%。1997—1998年亚洲金融危机期间，即使位于金融危机的中心，由于坚持人民币不贬值，努力扩大内需，中国有效减弱了金融危机对中国与东亚贸易的冲击。双方贸易下跌的幅度很小，在1999年又迅速恢复强劲的增长势头。中国在东亚的经济地位及影响力也由于此次金融危机而有所上升。[②]

第二阶段，2001—2007年，是双方贸易增长速度最快的时期，年平均增长率高达24%。其首要原因在于中国于2001年正式成为WTO成员国，开始大幅度削减和取消关税及其他贸易壁垒，整体上扩大了中国对外贸易；2002年中国又与东盟签署了《中国与东盟全面经济合作框架协议》，中国—东盟自由贸易区谈判正式启动，

---

① 详细数据请参阅：IMF Data：http：//www. imf. org/en/Data。

② 陈峰君：《金融危机后亚太格局的变化》，《世界经济与政治》1999年第1期。

2004—2005 年自贸区框架下的《货物贸易协议》及《争端解决机制协议》签署并生效，双方依次下调农产品及其他 7000 多种产品的关税，极大地便利并促进了中国与东盟的经贸往来。

第三阶段，2008—2016 年，双方贸易额在上下波动中总体呈增长放缓趋势。2008 年的金融危机席卷全球，并波及东亚。2008—2009 年中国与东亚的贸易额因此出现了负增长；此后在中国强劲的内需的拉动下，双方贸易又迅速回暖——2010—2013 年中国与东亚贸易额的年平均增长率为 9%。2014—2016 年，全球经济增长总体放缓，各国市场需求下降，贸易保护主义抬头并蔓延，导致世界总体贸易下滑。在这一大趋势下，中国与东亚的贸易也明显萎缩，这三年间贸易额年均增长率为 -5%。中国对日韩两国的贸易受到的冲击最大。在此期间中日政治关系不稳定，以及“萨德”的阴影导致中韩政府和民间关系趋冷等政治原因也导致中国与东亚贸易发展产生下行现象。

值得说明的是，上述主要针对中国与东亚区域整体的贸易情况而言，中国与东亚区域内各国家的贸易存在较大差异。从贸易额来看，中国在东亚地区主要的贸易伙伴是中国香港、日本、韩国和中国台湾，2016 年的双边贸易额在中国与东亚总贸易额中占比依次为 18.4%、20.8%、17% 和 12.1%（如图 2 - 2 所示），与这些国家（或地区）的贸易也是 1978 年以来中国与东亚贸易增长的最主要贡献者，这是由上述各国或地区本身的经济体量及发展态势决定的。但 21 世纪以来马来西亚、印度尼西亚、越南、菲律宾和泰国与中国的贸易也有“迎头赶上”的趋势，2001 年这几个国家与中国的贸易额在中国—东亚贸易总额中所占比重依次仅为 3.7%、2.6%、1.1%、1.4% 和 2.8%，到 2016 年已上升至 5.9%、3.6%、6.6%、3.2% 和 5.1%，比重都有了明显的提高（详见图 2 - 1 和图 2 - 2）。

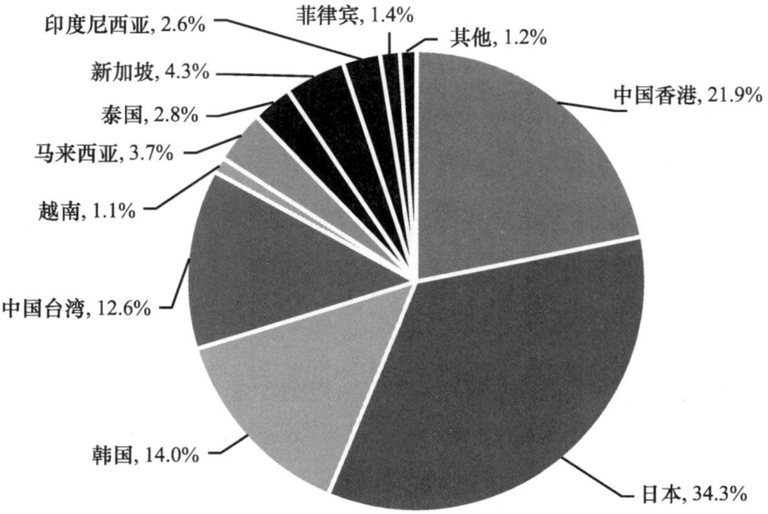

图 2－1　2001 年中国与东亚各国的贸易额在中国—东亚贸易总额中的比重

说明：图表由笔者根据 IMF Database 上的数据自制而成。其中，“其他”一项包含了缅甸、朝鲜、柬埔寨、蒙古、中国澳门、老挝和文莱 7 个国家或地区。图 2－2 与本图同。

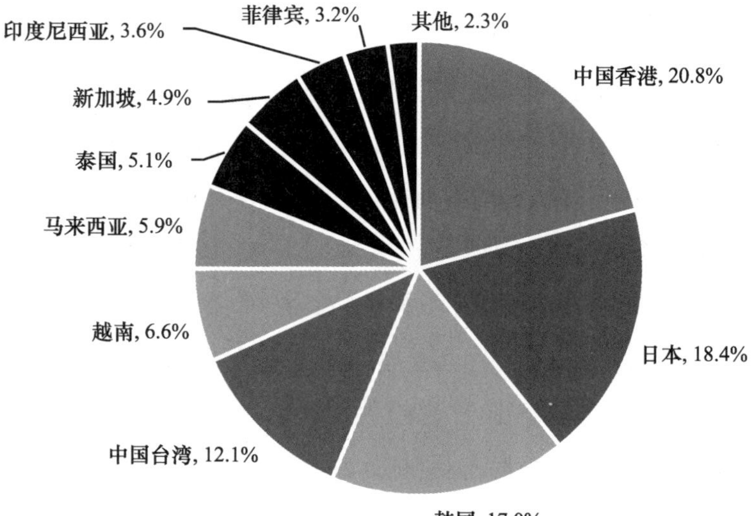

图 2－2　2016 年中国与东亚各国的贸易额在中国—东亚贸易总额中的比重

二　贸易依存度

东亚国家与中国的贸易依存度是衡量中国与它们经济关系的紧密程度的重要指标。本书使用这些国家对中国贸易依赖程度来衡量双方的经济关系的紧密程度。具体说，我们首先从国际货币基金组织（IMF）和联合国贸易和发展会议（UNCTAD）数据库中获得中国（大陆）与东亚九国①的贸易数据，以及这些国家自身的总体贸易数据。根据衡量贸易相互依赖程度的相对法（$B = X_{ij}/X_i$，其中，X_{ij}表示 i 国对 j 国的贸易量，X_i 表示 i 国的全部贸易量）计算出这些国家对中国贸易依赖程度的相对比值，比值越高说明对华贸易对该国影响越大。

从表 2 -1 的数据与图 2 -3 可以看出，在 ABS 第三轮调查进行的这段时间（包括前几年），中国与这九个国家的经济关系相当紧

表 2 -1　　东亚周边国家对华贸易依存度及其对华态度均值

国家	菲律宾	泰国	蒙古	新加坡	韩国	印度尼西亚	马来西亚	日本	柬埔寨
贸易依存度（%）	9.07	11.13	49.85	10.35	20.43	11.01	12.42	19.8	13.12
对华态度均值	4.28	3.92	3.14	4.11	3.48	4.29	4.16	3.05	4.48

说明："贸易关系"的数据由笔者整理统计自 IMF database（http：//www.imf.org/en/Data），"对华态度均值"则来源于亚洲民主动态调查（The Asian Barometer Survey，简称 ABS）第三轮调查的结果（问卷调查开展时间是 2010 年 1 月 ~2012 年 11 月），其测量方法是：1—6 依次代表"非常负面——非常正面"。考虑到经贸活动对态度变化有滞后效应，本书取问卷调查开展的年份再加上此前 3 年的数值的平均值。

① 受数据可获得性和案例代表性的影响，本书主要选取了菲律宾、泰国、蒙古、新加坡、韩国、印度尼西亚、马来西亚、日本、柬埔寨这 9 个东亚国家（而不是所有东亚国家或地区）为案例对中国的对外影响力进行对比研究，因此本书的一些数据只列举了上述 9 个国家。但需要指出的是，本书所涉及的"东亚"总体经济数据都是涵盖了东亚地区 18 个国家或地区的数据。

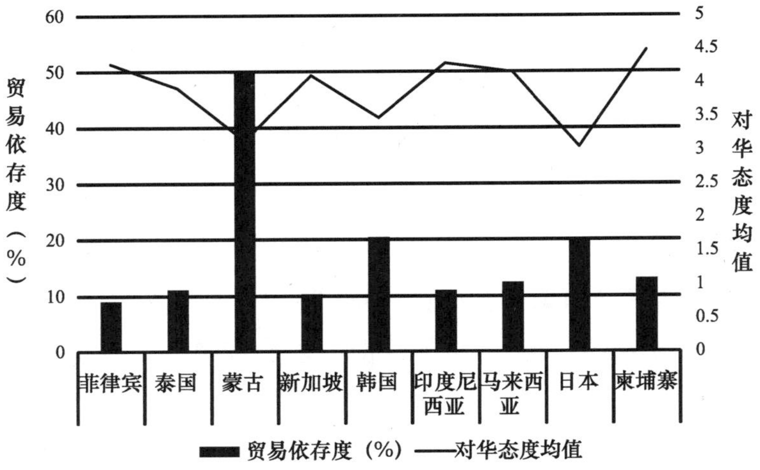

图 2－3　东亚周边国家与中国贸易依存度及其对华态度均值

说明：笔者根据表 2－1 的数据自制。

密。贸易依赖度最高的 3 个国家是蒙古、韩国和日本，对华贸易分别占据各自贸易总量的 49.85%、20.43% 和 19.8%。其他 6 个国家稍低，但都占据各自国家对外贸易量的 10% 左右，其中柬埔寨和马来西亚稍高（13.12% 和 12.42%），而菲律宾稍低（9.07%）。

三　贸易结构与收支关系

为了更深入地展现中国与东亚国家之间的贸易关系，我们从双方的贸易结构和收支两个方面加以说明。商品贸易结构是反映国家间贸易内容的主要指标。本节按照“国际贸易标准分类”（Standard International Trade Classification，简称 SITC）第 4 修订版的标准对进出口商品进行分类，以此分析中国与东亚的贸易结构。该标准将所有商品分为十大类，其中 0 至 4 类主要包括初级产品，

5 至 8 类则主要为工业制成品。①

如表 2 - 2 及表 2 - 3 所示，中国与东亚开展贸易的商品类型以“机械和运输设备”“杂项制成品”“主要按材料分类的制成品”“未列明的化学有关物品”这四大类为主，2007 年以来这四类商品在中国向东亚的出口总值中占比一直在 92% 左右，且年变化率较低；在中国自东亚进口的货物总额中所占比重也维持在 80% 以上，但明显呈逐渐下降趋势：2007 年占比约为 88%，2016 年已降至 82%。

表 2 - 2　　中国对东亚出口的商品结构

编码	商品类型	2007	2010	2013	2016
0	食品及活动物	0.0374	0.0384	0.0347	0.0450
1	饮料及烟叶	0.0023	0.0024	0.0021	0.0035
2	除燃料外的非食用未加工材料	0.0078	0.0083	0.0070	0.0070
3	矿物燃料、润滑油及有关物质	0.0314	0.0334	0.0265	0.0232
4	动物及植物油、脂肪及蜡	0.0004	0.0004	0.0003	0.0003
5	未列明的化学及有关产品	0.0487	0.0517	0.0441	0.0524
6	主要按材料分类的制成品	0.1684	0.1401	0.1354	0.1563
7	机械和运输设备	0.4998	0.5360	0.5199	0.5188
8	杂项制成品	0.2014	0.1874	0.2281	0.1893
9	未列入其他分类的货物及交易	0.0024	0.0020	0.0019	0.0042

说明：表格数据由笔者根据联合国统计数商品贸易数据库（UN Comtrade Database）有关数据计算所得，表格所示数据皆为对应的商品金额在中国与东亚的贸易总额中所占的比重，表格所涉商品编码选用 SITC Rev. 4 的标准。该数据库未统计中国台湾的数据，故中国台湾未包括在其中。表 2 - 3 与本表同。

① 0 类代表“食品及活动物”，1 类为“饮料及烟叶”，2 类为“除燃料外的非食用未加工材料”，3 类为“矿物燃料、润滑油及有关物质”，4 类为“动物及植物油、脂肪及蜡”，5 类为“未列明的化学及有关产品”，6 类为“主要按材料分类的制成品”，7 类为“机械和运输设备”，8 类为“杂项制成品”，9 类为“未列入其他分类的货物及交易”。详情请参阅：“Standard International Trade Classification (SITC), Rev. 4,” United Nations Statistics Division: https://unstats.un.org/unsd/cr/registry/regcst.asp? Cl = 28，检索日期：2017 年 8 月 10 日。

表 2-3　　中国自东亚进口的商品结构

编码	商品类型	2007	2010	2013	2016
0	食品及活动物	0.0082	0.0108	0.0155	0.0207
1	饮料及烟叶	0.0002	0.0003	0.0004	0.0010
2	除燃料外的非食用未加工材料	0.0488	0.0519	0.0678	0.0479
3	矿物燃料、润滑油及有关物质	0.0491	0.0671	0.0739	0.0559
4	动物及植物油、脂肪及蜡	0.0121	0.0117	0.0101	0.0075
5	未列明的化学及有关产品	0.1360	0.1295	0.1435	0.1255
6	主要按材料分类的制成品	0.1088	0.0999	0.0910	0.0822
7	机械和运输设备	0.5333	0.5173	0.4843	0.5136
8	杂项制成品	0.1010	0.1038	0.0996	0.0983
9	未列入其他分类的货物及交易	0.0025	0.0078	0.0140	0.0473

另外，无论是出口抑或进口，贸易额排位第一的商品种类都是“机械和运输设备”，2007 年以来该类商品占进口或出口总额的比重都是 50% 左右，而在“机械和运输设备”这一大类商品中，又以“电机、电气、音像设备及其零附件”居首位。这主要是由于东亚地区在上述产业的全球价值链中占据主要地位所导致的。以铝合金车轮产业为例，2016 年中国铝合金车轮前十大出口对象国中，东亚国家占了 4 个，分别是日本、泰国、马来西亚和韩国，出口量在中国铝合金车轮的全球出口总额中占比 23%。① 而中国主要铝合金车轮出口商，如中信戴卡股份有限公司、盛旺汽车零部件（昆山）有限公司等大都是以日本的丰田、本田、日产等为代表的整车厂商

① 《2016 年中国汽车铝合金车轮出口情况分析》，中国汽车工业协会：http://www.caam.org.cn/lingbujian/20170301/1305205734.html（2017 年 3 月 1 日），检索日期：2017 年 12 月 1 日。

的原始设备制造商（Original Equipment Manufacturer，简称 OEM）。[①]东亚地区类似的案例还有很多，说明产业内（乃至产品内）分工以及加工贸易在当前东亚内部贸易中占据了重要地位。上述类别的商品基本都属于工业制成品，相比较而言，如今初级产品在中国与东亚的贸易中不占据重要地位：在中国对东亚出口额中占比仅为 8%左右，在进口商品总额中的比重也在 12%—17%之间波动。这些特征完全符合 20 世纪 80 年代以来世界商品贸易结构的变化情况，即“工业制成品所占比重及其增长速度远超于初级品”[②]。

此外，从出口与进口的对比来看，中国相对于东亚在“杂项制成品”的生产上占有明显优势，在“主要按材料分类的制成品”和“机械和运输设备”上则是优势渐显；而作为一个整体的东亚地区（除中国外）则在“未列明的化学及有关物品”以及“除燃料外的非食用未加工材料”等货物的出产上比中国更具优势。

若分国家（或地区）讨论，则会发现东亚不同类型的经济体与中国的贸易结构存在明显差别。以 2016 年为例，中国从文莱、朝鲜、蒙古、缅甸、老挝和印度尼西亚进口的初级品比重明显高于工业制成品，反过来，中国向这些国家出口的商品则以工业制成品为主；其他国家（或地区）的情况则较为相似——中国与之进口或出口的商品都以工业制成品为主（详细的国别数据请参阅本书附录部分）。值得一提的是，中国从上述 6 个国家进口的初级品种类繁多且差异较大，比如中国主要从印度尼西亚进口矿物燃料、矿物油及其产品、沥青等，从朝鲜和蒙古进口煤炭，从缅甸和老挝进口木材及木制品，从文莱进口原油，这是由各国本身的资源要素禀赋所决

---

① 原始设备制造商是指从品牌生产者承接加工任务的厂商，他们按照品牌生产者提供的技术和规格生产出来的产品，由品牌生产者低价买断并贴上自己的品牌标签，再进行销售。因此原始设备制造商从事的生产活动又叫“代工生产”，是典型的加工贸易的一种方式。

② 卢荣忠、王春梅：《八十年代以来世界有形商品贸易的结构变化特点及其原因》，《亚太经济》1997 年第 2 期。

定的。相较而言，中国向东亚各国（或地区）出口的工业制成品种类更为集中，基本都是电机、电气、音像设备及其零附件，以及核反应堆、锅炉、机械器具及零件。而这两类商品也是中国从除上述6个国家以外的其他国家（或地区）进口的主要工业制成品。[①]

“产品被‘分割’成多道生产工序或部件，如果这些生产工序或部件分布在同一产业中，就形成产业内贸易，如果分布在不同产业中就形成产业间贸易。”[②] 上述情况说明，中国与文莱、朝鲜、蒙古、缅甸、老挝和印度尼西亚目前尚且停留在产业间分工与贸易的阶段，与这些国家相比，中国在第二产业（工业）上更具优势。中国与其他东亚国家（或地区）在进口和出口的产业类型和商品种类上高度重合，也在一定程度上反映了中国与这些国家（或地区）在国际生产分工上开始步入产业间甚至产品内分工与贸易的阶段。国际生产分工体系的本质体现的是各国在全球价值链的分布。在当前东亚地区的全球价值链中（相较于“雁行模型”时代），日本和“亚洲四小龙”等传统的“上游供应者”（即中间品的提供者）的地位正在逐渐减弱，而中国的地位则相对上升，与此同时，其他经济体对区域内的后向关联度[③]都有所上升。[④] 简言之，不仅是日本和“亚洲四小龙”，中国等新兴市场也提供一定的中间品（当然，不排除某些国家的中间品出口是由于来自发达国家的跨国公司在当地投资办厂而出现的），尽管在提供中间品的数量多少上可能存在明显区别。折射到东亚生产分工与贸易体系中，就是商品的所属产业和种类具有较高的重合度。

---

① 关于进出口商品的详细内容，请参阅中华人民共和国驻各国大使馆经济商务参赞处及中华人民共和国商务部网站。

② 冯永琦：《东亚区域的生产分工、产品需求结构与贸易模式转型》，《当代亚太》2011 年第 3 期。

③ 关于全球价值链的内涵和前、后向关联度的详细解析，请见本书第三章理论解析部分。

④ 刘重力、赵颖：《东亚区域在全球价值链分工中的依赖关系——基于 TiVA 数据的实证分析》，《南开经济研究》2014 年第 5 期。

贸易收支关系，即出口与进口之差额及其特征，不仅体现双方贸易交易的（非）平衡性，同时也对两国民众及政府对对方的评价产生影响。以中美贸易逆差为例，某些美国民众经常在美政府或某些特殊利益集团的舆论引导下将中国对美贸易顺差与其国内的失业现象联系起来，进而产生敌视中国的情绪。① 图2－4呈现了1978—2016年中国与东亚的贸易差额的变化趋势。观察图表可知，相对于中国与世界的贸易收支关系，中国与东亚的贸易收支关系的演变比较“曲折”：2011年之前中国对东亚的贸易一直在“顺差”与“逆差”之间徘徊，且差额波动较为剧烈，如在贸易收支不平衡最突出的年份（1982），中国对东亚的顺差额约为54亿美元，占当年贸易总额的29.5%；而收支不平衡程度最小的年份（2007）顺差额仅为27亿美元，在双方贸易总额中所占比重也不足0.3%；2011年之后中国对东亚的贸易开始稳定在“顺差”一侧，差额也稳步扩大，至2015年顺差额已增长至2406亿美元，约占贸易总额的15%。中国加工贸易发达在一定程度上解释了中国对世界贸易顺差的出现、持续及增长的成因，② 而在对东亚的贸易中，中国出现逆差的情况相对更多，主要原因在于中国在东亚地区的垂直分工体系中处于相对下游的位置，③ 即从东亚其他国家进口中间品，进行组装加工后再出口至欧美地区，④ 从而导致中国从东亚的进口额大于对该地区出口额的情况。换言之，中国在东亚地区的全球价值链与在世界范围的全球价值链中所发挥的作用并不完全一致——从某种

---

① 《世界报：汉学家肯尼思·德沃斯金与反华情绪作斗争》，中国网：http：//www.china.com.cn/international/txt/2008－10/16/content_16623307.htm（2008年10月16日），检索日期：2017年12月6日。

② 徐毅：《中国贸易顺差的结构分析与未来展望》，《国际贸易问题》2010年第2期。

③ 柳剑平、孙云华：《垂直专业化分工与中国对东亚经济体的贸易逆差》，《世界经济研究》2006年第7期。

④ 谢锐、郭欢：《中间产品贸易视角下中国融入东亚区域生产网络的影响研究》，《国际贸易问题》2016年第3期。

意义上说，中国是世界最终消费品的提供者，同时也是东亚地区中间品的主要消费者（当然，这一判断是基于将东亚视为一个整体而得出的）。

这是作为整体的东亚与中国的贸易收支关系的演变及现状特点，而东亚不同国家（或地区）与中国的贸易收支关系及其变化趋势则存在明显区别：1978 年以来，中国内地对香港、新加坡、澳门、越南、朝鲜、柬埔寨和缅甸的贸易总体呈“顺差”局面，与中国台湾、韩国、日本、马来西亚、泰国和蒙古国主要存在“逆差”关系，中国对印度尼西亚的贸易由“逆差”地位逐渐转变为“顺差”，与文莱和老挝的贸易收支关系则在“顺差”与“逆差”之间往来变化（详细数据请参阅表 2 –4 和表 2 –5）。中国在全球价值链中的位置在一定程度上可以解释对外贸易顺（逆）差的成因。一般而言，中国对外贸易顺差成因的分析路径之一是“中国利用低端禀赋优势加入全球价值链成为世界工厂”①，这可以部分解释中国对作为世界主要消费市场的发达经济体存在贸易顺差，对较不发达国家存在贸易逆差的成因。但对较不发达国家，如越南、朝鲜和柬埔寨等的贸易顺差，则必须联系上文论及的贸易结构来理解——随着中国在全球价值链中地位的上升，中国出口大量的工业制成品（其中包含中间品）至这些国家，反过来从这些国家进口商品的种类和数量却较为有限，进而造成了中国对这些国家的贸易顺差。此外，中国大陆对中国台湾、韩国和日本等发达经济体的贸易逆差的成因则具有特殊性，但也在全球价值链的解释范围之内——中国在全球价值链中处于这些国家的下游位置，从这些国家进口大量的中间品，但生产出来的最终消费品重点却不是销往这些国家或地区（而是欧美地区的发达国家）。

---

① 张少军、张少华：《中国国际收支双顺差形成的微观机理探究——基于全球价值链视角的实证分析》，《当代财经》2008 年第 9 期。

表 2－4　　**1978—2016 年中国对东亚各国（或地区）出口额**　　单位：百万美元

年份	1978	1983	1988	1993	1998	2003	2008	2013	2014	2015	2016
中国香港	2532. 60	5796. 70	18239. 20	22067. 49	38782. 22	76288. 61	190772. 42	384876. 90	363222. 84	332728. 41	293996. 67
中国澳门	—	268. 00	429. 70	524. 53	752. 03	1281. 48	2601. 54	3178. 90	3605. 91	4614. 75	3352. 26
中国台湾	1718. 70	4517. 00	8046. 40	15782. 26	29718. 08	59422. 62	116176. 47	149912. 34	149451. 72	135897. 05	129617. 47
日本	—	—	—	2860. 02	6265. 85	20096. 40	73905. 19	91174. 36	100401. 65	101428. 83	95815. 60
韩国	247. 90	566. 90	1493. 60	2244. 54	3900. 70	8868. 53	32325. 19	45610. 69	48706. 65	53147. 74	47447. 42
新加坡	—	—	—	1461. 30	3866. 40	9004. 68	25885. 66	40650. 02	46282. 94	45003. 45	41084. 05
文莱	—	3. 80	3. 00	10. 64	9. 07	33. 89	129. 63	1702. 91	1747. 05	1411. 24	610. 70
柬埔寨	—	0. 60	0. 40	20. 32	113. 54	294. 65	1095. 00	3411. 25	3276. 29	3769. 66	4010. 63
印度尼西亚	0. 20	48. 60	236. 30	693. 37	1171. 51	4480. 75	17214. 34	36943. 50	39072. 80	34370. 69	32835. 30
老挝	—	—	3. 00	37. 12	17. 83	98. 24	268. 14	1720. 56	1847. 64	1275. 56	1010. 71
马来西亚	163. 20	186. 00	308. 60	704. 17	1594. 23	6141. 15	21383. 22	45933. 80	46284. 09	44182. 06	39426. 30
蒙古	—	2. 20	16. 80	81. 55	62. 57	155. 93	906. 56	2448. 91	2215. 54	1572. 05	994. 96
缅甸	—	31. 60	133. 40	324. 71	532. 91	907. 71	1979. 18	7349. 09	9374. 87	9386. 87	8308. 68
菲律宾	86. 30	143. 00	268. 40	281. 26	1499. 05	3093. 81	9088. 41	19834. 18	23460. 64	26687. 71	30354. 64
泰国	70. 50	194. 50	511. 80	750. 12	1169. 69	3828. 23	15520. 71	32733. 58	34310. 52	38296. 00	38296. 66
越南	16. 30	—	—	276. 66	1023. 83	3178. 52	15139. 44	48598. 08	63617. 52	66372. 27	62040. 93
朝鲜	230. 70	273. 40	345. 20	602. 35	356. 66	627. 58	2033. 23	3632. 91	3522. 52	2946. 46	3196. 80
东亚	5066. 4	12032. 3	30035. 8	48722. 417	90836. 147	197802. 777	526424. 333	919711. 9809	940401. 1999	903090. 8214	832399. 766
世界	9650. 20	22093. 40	47660. 00	91690. 69	183748. 83	438370. 84	1428869. 18	2210662. 20	2343222. 13	2280541. 09	2136594. 85

资料来源：IMF Database。

注：“—”表示数据缺失。本表的“东亚”包括港澳台三地、日本、韩国、朝鲜、蒙古和东盟十国，以下图表如无特别指出，均与此同。

表2－5　1978—2016年中国自东亚各国（或地区）进口额

单位：百万美元

年份	1978	1983	1988	1993	1998	2003	2008	2013	2014	2015	2016
中国香港	74.70	1709.80	12004.70	10501.05	6666.67	11119.07	12946.08	16225.27	12920.24	8161.48	17016.71
中国澳门	—	15.90	146.40	153.92	123.00	185.76	306.10	385.07	210.30	183.23	139.70
中国台湾	3105.20	5495.20	11062.10	23302.54	28306.76	74150.83	150807.52	162219.41	162685.64	142715.66	145524.03
日本	—	—	—	5359.97	15020.62	43134.66	112174.87	182881.54	190286.02	174288.63	159187.13
韩国	46.30	113.70	1018.40	2647.01	4225.53	10483.76	20092.08	29861.85	30534.54	26021.69	25920.94
新加坡	—	—	—	12933.52	16693.64	49362.29	103330.28	156512.20	152309.97	144488.16	140077.05
文莱	—	—	5.90	—	0.01	312.28	82.86	86.60	189.64	97.27	207.41
柬埔寨	—	0.30	0.20	1.21	48.18	26.00	38.64	361.30	481.27	666.29	830.85
印度尼西亚	0.40	149.50	681.30	1446.01	2461.96	5748.30	14387.32	31478.44	24588.96	19815.49	21256.33
老挝	—	4.60	17.70	3.51	7.90	11.20	149.48	1020.65	1761.08	1298.10	1343.60
马来西亚	111.20	214.60	569.60	1083.96	2674.72	13986.67	32130.79	60053.94	55770.89	53226.90	49044.41
蒙古	—	2.10	8.00	69.41	180.81	283.94	1536.67	3497.49	5071.65	3752.77	3533.15
缅甸	—	15.80	137.10	164.69	61.62	169.53	644.52	2809.66	15578.16	5239.28	4220.39
菲律宾	57.20	44.80	135.10	213.49	516.97	6306.30	19507.94	18204.68	21045.20	19022.14	17352.21
泰国	73.60	134.80	632.50	601.24	2423.00	8827.06	25636.22	38107.06	38209.01	37212.71	38671.28
越南	40.70			122.57	217.38	1455.80	4342.52	16885.78	19927.78	23796.60	37187.30
朝鲜	223.60	254.30	233.50	295.66	51.09	395.35	754.05	2913.62	2841.48	2483.94	2706.99
东亚	3732.9	8155.4	26652.5	58899.739	79679.853	225958.768	498867.93	723504.5634	734411.8004	662470.3458	664219.47
世界	10813.20	21306.40	55352.10	103626.84	140385.33	412836.47	1131915.67	1949300.33	1963105.20	1601760.79	1589460.17

资料来源：IMF Database。

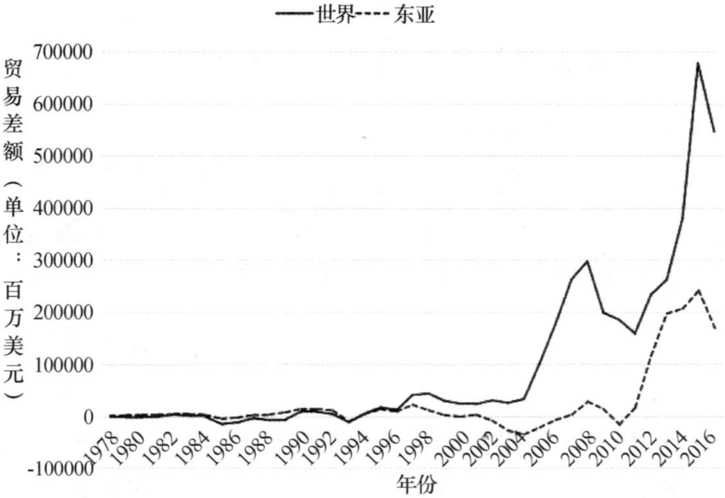

图 2－4　1978—2016 年中国与世界及东亚的贸易差额变化

说明：图表由笔者根据 IMF Database 有关数据计算所制，其中“贸易差额”为该年度中国对世界（或东亚）的出口额减去进口额所得之值。

第二节　投资关系

相对于贸易关系，对外直接投资（Foreign Direct Investment，简称 FDI）是一种较为直接的经济影响力的来源。东亚是中国对外直接投资的首要目的地，据不完全统计，2007 年中国对东亚直接投资流量为 150.4 亿美元，占中国对外直接投资总额的 57%，该比重至 2015 年已高达 72%，投资额也增长到 1053.1 亿美元（详细数据请看表 2—5 和表 2—6）。反过来，东亚是中国吸收外来投资的最主要来源地，2007 年东亚对中国的直接投资额为 417.8 亿美元，占中国接受外来直接投资总额的 56%，2015 年已增长至 1037 亿美元，比重也提高至 82%。总体而言，无论是在世界范围内还是在东亚地区，中国对外直接投资呈现快速增长趋势。至 2015 年，中国对世界的直接投资流量为 1457 亿美元，已经超越日本成为全球第二大、东亚第一大对外投资国。

一 中国对东亚的直接投资

对外投资是衡量与判断投资国经济全球化的融入程度以及与东道国经济关系的密切程度及性质的要素之一，因此探讨中国对东亚直接投资的变化及现状特点对于理解中国在该地区的经济影响力具有重要意义。概括起来，中国对东亚 FDI 包含以下三个特征。

第一，对东亚直接投资规模日益扩大，总量占比稳步提升。2007 年对东亚的 FDI 流量为 150.4 亿美元，约占中国对世界 FDI 总流量的 57%，2015 年已增加至 1053 亿美元，增长了 6 倍，占对世界 FDI 总流量的比重也高达 72%。在这一增长过程中，中国在东亚地区也经历了由“资本净输入国”到“资本净输出国”的角色与地位的转变。

第二，对外投资的区位选择高度集中。从数据来看，中国对东亚地区的直接投资流向主要为中国香港、新加坡、印度尼西亚、韩国和蒙古五个国家（或地区）。以 2012 年为例，中国内地对香港的直接投资额为 512 亿美元，占中国对东亚的直接投资总流出量的 86.1%；对新加坡和韩国的投资额分别为 15 亿和 9 亿美元，分别占比 2.6% 和 1.6%。“双边贸易量，更确切地说，与中国对某国（或地区）的出口量与中国对外直接投资的流量呈正相关”[①] 的观点在一定程度上解释了中国内地对香港、新加坡和韩国直接投资流出量较高的原因。但需要特别指出的是，中国内地对香港直接投资的绝对和相对规模都明显大于新加坡和韩国，这是由香港承担中国

① 程惠芳、阮翔：《用引力模型分析中国对外投资的区位选择》，《世界经济》2004 年第 11 期；张如庆：《中国对外直接投资与对外贸易的关系分析》，《世界经济研究》2005 年第 3 期。

内地投资其他地区的金融平台的作用。[①]

中国与印度尼西亚和蒙古国的贸易额明显无法与其他东亚国家（或地区）相匹敌，但中国对两国的FDI流出量约为13亿和9亿美元，占比分别为2.3%和1.5%（2012年数据），在东亚17个国家（或地区）中排名分别为第三和第五。笔者认为，“以寻求资源为目标”[②]更符合中国对印度尼西亚和蒙古直接投资的情况，两国在矿产资源、能源相对丰富，且投资环境条件良好，如政治局面及与中国的关系总体稳定、具有一定的经济发展潜力与空间等。而事实也证明，中国在两国投资的行业领域高度集中在能源和矿产行业。[③]

第三，中国对东亚FDI流出在行业领域的分布上较为集中，主要领域包括：租赁和商务服务业、金融业、批发和零售业、采矿业和制造业。[④]前文提及，香港是中国内地的重点投资对象，因此中国内地对香港直接投资的行业构成情况在一定程度上可以反映中国对东亚FDI行业分布的结构特征。2015年，中国内地对香港FDI流出量为898亿美元，其中租赁和商务服务业357亿美元，占比约为39.8%，金融业164亿美元，占18.3%，批发和零售业143亿美元，占15.9%，制造业和房地产业分别为58亿及55亿美元，占比分别6.4%和6.1%，信息传输/软件和信息技术28亿美元，占

① 《对外投资合作国别（地区）指南：中国香港（2016年版）》，中华人民共和国商务部：http://www.mofcom.gov.cn/，检索日期：2017年8月18日。

② 蒋冠宏、蒋殿春：《中国对外投资的区位选择：基于投资引力模型的面板数据检验》，《世界经济》2012年第9期。

③ 《对外投资合作国别（地区）指南：印度尼西亚（2016年版）》，《对外投资合作国别（地区）指南：蒙古（2016年版）》，中华人民共和国商务部：http://www.mofcom.gov.cn/，检索日期：2017年8月17日；《“走出去”企业对印度尼西亚投资合作最新指南》，中国国际贸易促进委员会：http://www.ccpit.org/Contents/Channel_3430/2015/0923/489918/content_489918.htm，检索日期：2017年8月17日。

④ 《2016年中国对外投资合作发展报告》，中华人民共和国商务部：http://www.mofcom.gov.cn/，检索日期：2017年8月18日。

3.1%，采矿业21亿美元，占总流量的比重为2.3%。[①] 总体而言，中国对东亚的直接投资以服务业为主。

二 中国与东亚国家的投资依存度

与贸易依存度相似，东亚国家与中国的投资依存度也是衡量中国与它们经济关系的紧密程度的重要指标。我们使用与上文提及的贸易依存度相同的方法计算出这些国家对中国投资依赖程度的相对度量值，[②] 结果如表2－6和图2－5所示。“投资关系”指中国对该国的直接投资存量（FDI Instock）占该国外来投资总存量的比重，[③] 同样取四年数值的平均值。

表2－6 东亚周边国家对华投资依存度及其对华态度均值

国家	菲律宾	泰国	蒙古	新加坡	韩国	印度尼西亚	马来西亚	日本	柬埔寨
投资依存度（%）	1.31	0.58	54.52	1.32	1.18	2.64	0.49	0.16	15.87
对华态度均值	4.28	3.92	3.14	4.11	3.48	4.29	4.16	3.05	4.48

说明：“投资依存度”的数据由笔者整理统计自UNCTAD statistics（http：//unctadstat.unctad.org/EN/），“对华态度均值”的基本情况与表2－1同。

从投资角度而言，中国对蒙古和柬埔寨的投资存量占据其外来总投资存量的比例（54.52%和15.87%）大幅高于其他国家，说明中国是这两个国家的主要投资国。中国对菲律宾、新加坡、韩国、印度尼西亚

① 《2015年中国对外直接投资统计公报》，中华人民共和国商务部：http：//www.mofcom.gov.cn/，检索日期：2017年8月17日。

② 余诚、秦向东：《从贸易角度看东亚经济一体化进程》，《对外经济贸易大学学报：国际商务版》2011年第5期。

③ 我们使用投资存量而不是投资流量（或者两者之和）是基于两个考虑：第一，存量对民众态度的影响比较明显；第二，中国对各国投资流量数据中存在负值（可能是由于中国撤资所引起的），会对数据造成干扰。

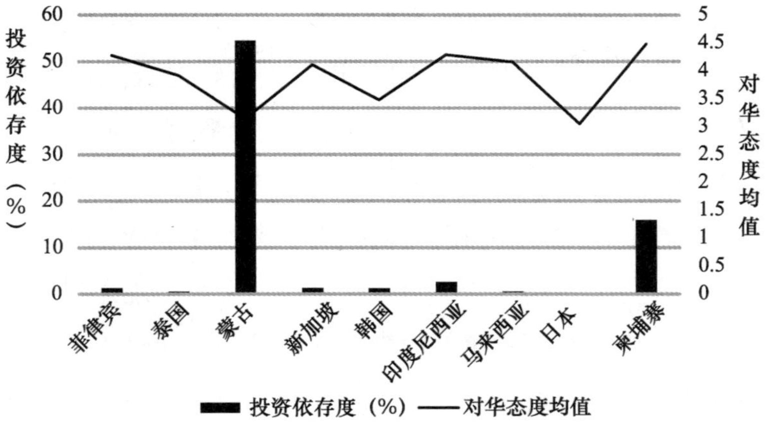

图2－5　东亚周边国家与中国投资依存度及其对华态度均值

说明：笔者根据表2－6的数据自制。

的投资占据其外来总投资的比例较低（1.31%—2.64%），影响不大。而中国对泰国、马来西亚和日本的投资占据其外来总投资比例更低（均低于0.58%），说明中国投资存量影响很小。

三　东亚对中国的直接投资

接受外来投资在一定程度上也会影响被投资国在投资国民众中的影响。这主要表现在投资国的公司和企业需要对投资国的经济进行评估，他们所形成的对被投资国的认知和评价也会通过各种方式在投资国内部民众中扩散。本节简要说明东亚国家对中国的直接投资状况。观察表2－8可知，中国吸收东亚外商直接投资的主要来源为中国香港、新加坡、日本和韩国，其中又以中国香港为首要来源。2015年香港对中国内地直接投资流量为863.9亿美元，约占东亚对中国直接投资总量的83.3%，另外三个国家依次为69亿美元（占6.7%），31.9亿美元（占3.1%），40.3亿美元（占3.9%）。虽然新加坡、日本和韩国的数据比重较低，考虑到三地相当一部分企业也是通过香港对内地投资，所以，实际的占比应该更高。

另外，现阶段东亚主要国家（或地区）对中国直接投资的行业分布，总体以制造业为主，且明显开始逐渐转向服务业（香港例外）。外来（或“对外”）直接投资的行业选择在一定程度上可以反映投资国与东道国在特定行业的相对优势，因此上述特征说明，与这些外来投资的主要来源国相比，当前中国在制造业所需的第一要素——劳动力上更具优势，但随着中国经济水平逐渐提高，劳动力成本上升，中国在制造业上优势也逐渐下降，同时服务业的发展潜力则日益凸显。投资关系的变化与生产分工及贸易体系的演变密切相关。中国对外投资增多及投资行业的集中，说明中国不再只是发达国家转移劳动密集型产业的目的地，而开始成为该类型产业的转出地，这在某种程度上反映了中国在东亚地区的全球价值链上的地位正在逐渐攀升。

表 2－7　　2007—2015 年中国对东亚直接投资流量　　单位：万美元

年份	2007	2008	2009	2010	2011	2012	2013	2014	2015
文莱	118	182	581	1653	2011	99	—	—	—
缅甸	9231	23253	37670	87561	21782	74896	—	—	—
柬埔寨	6445	20464	21583	46651	56602	55966	—	—	—
朝鲜	—	—	—	—	—	—	—	—	—
中国香港	1373235	3864030	3560057	3850521	3565484	5123844	6282378	7086730	8978978
印度尼西亚	9909	17398	22609	20131	59219	136129	156338	127198	145057
日本	3903	5862	8410	33799	14942	21065	43405	39445	24042
老挝	15435	8700	20324	31355	45852	80882	—	—	—
中国澳门	4731	64338	45634	9604	20288	1660	39477	59610	108065
马来西亚	－3282	3443	5378	16354	9513	19904	—	—	—
蒙古	19627	23861	27654	19386	45104	90403	—	—	—
菲律宾	450	3369	4024	24409	26719	7490	—	—	—
新加坡	39773	155095	141425	111850	326896	151875	203267	281363	1045248
韩国	5667	9691	26512	－72168	34172	94240	26875	54887	132455
泰国	7641	4547	4977	69987	23011	47860	75519	83946	40724

续表

年份	2007	2008	2009	2010	2011	2012	2013	2014	2015
越南	11088	11984	11239	30513	18919	34943	48050	33289	56017
中国台湾	—	—	—	1735	1108	11288	—	—	—
世界	2650609	5590717	5652899	6881131	7465404	8780353	10784371	12311986	14566715

资料来源：中华人民共和国国家统计局；UNCTADstat。

注："—"表示数据缺失，表2－8与此表同。

表2－8　　2007—2015年中国实际利用东亚国家（或地区）直接投资额

单位：万美元

年份	2007	2008	2009	2010	2011	2012	2013	2014	2015
文莱	37688	34042	34812	30956	25582	15109	13319	7094	7258
缅甸	326	330	339	352	1021	384	585	585	—
柬埔寨	634	292	1337	1035	1737	1660	2251	312	1000
朝鲜	92	193	151	1122	84	155	268	29	7
中国香港	2770342	4103640	4607547	6056677	7050016	6556119	7339667	8126820	8638672
印度尼西亚	13441	16725	11172	7684	4607	6378	12623	7802	10754
日本	358922	365235	410497	408372	632963	735156	705817	432530	319496
老挝	300	670	243	945	588	200	—	—	—
中国澳门	63700	58161	81471	65524	68043	50556	46020	55057	88540
马来西亚	39725	24696	42874	29433	35828	31751	28053	15749	48048
蒙古	94	141	231	325	—	25	207	16	—
菲律宾	19532	12687	11101	13806	11185	13221	6726	9707	3867
新加坡	318457	443529	360484	542820	609681	630508	722872	582668	690407
韩国	367831	313532	270007	269217	255107	303800	305421	396564	403401
泰国	8948	12921	4866	5134	10120	7772	48305	6052	4438
越南	73	207	592	203	129	316	—	7	—
中国台湾	177437	189868	188055	247574	218343	284707	208771	201812	153710
世界	7476789	9239544	9003300	10573524	11601100	11171614	11758260	11956156	12626660

资料来源：中华人民共和国国家统计局。

第三节　官方发展援助

官方发展援助（Official Development Assistance，简称 ODA）[①]是一种国家间由政府领导的经济行为，主要有无偿援助、无偿贷款或优惠贷款等方式。对于大多数受援助国家来说，对外援助可以促进本国经济及社会发展；对于援助国本身，对外援助也可以带来诸多经济收益，比如在受援国获取所需原料、扩大本国的出口市场和改善受援国的投资环境以实现本国的对外投资目标等。[②] 与国家间的投资和贸易关系相比，官方发展援助虽然总体来说，数量不会太大，但是由于它与国家对外影响力紧密相关，如展现援助国的国力、体现国家责任担当、提高国际影响力等，本章将官方发展援助也列为经济关系的一个组成部分。

本节重点分析中国对东亚国家的援助情况。按照经合组织（OECD）的分类，当前的东亚国家（或地区）中，日本和韩国属于援助国，而包括中国在内的大多数东亚国家等都属于受援国。[③] 但实质上，中国自 70 年代末开始便确定及践行着受援国和援助国的双重身份。[④] 考虑到日韩对中国的援助活动也对日韩民众形成对中国的认知存在影响，本书也简单讨论日韩等国家对中国的援助历史及主要方式。

---

① 根据经合组织（OECD）的定义，官方发展援助是指由政府部门实施的提供给发展中国家的无偿援助或贷款，其主要目标是推进发展中国家的经济发展及社会福利，且具有金融上的优惠条款（若是贷款，应包含至少 25% 的赠款成分）。（OECD：http：//stats. oecd. org/glossary/detail. asp？ID =6043）

② 宋新宁、田野：《国际政治经济学概论（第二版）》，中国人民大学出版社 2014 年版，第 201—202 页。

③ 关于援助国及受援国的具体名单，请参阅："DAC List of ODA Recipients，" OECD：http：//www. oecd. org/dac/stats/documentupload/DAC% 20List% 20of% 20ODA% 20Recipients% 202014% 20final. pdf，检索日期：2017 年 8 月 18 日。

④ 周弘：《中国对外援助与改革开放 30 年》，《世界经济与政治》2008 年第 11 期。

一　中国对东亚的官方援助

新中国对外援助的最早记录是1950年对朝鲜、越南等周边社会主义国家提供的物资援助，可以说，东亚是中国对外官方发展援助的起点。1964年周恩来提出以平等互利为核心的中国对外援助“八项原则”后，中国对外ODA渐上轨道，尤其是于1971年恢复在联合国中的合法席位以及1978年实施改革开放政策之后，中国在寻求自身发展的同时，更主动承担起帮助其他发展中国家的责任。进入21世纪以来，以不断增强的综合国力为支撑，中国又逐渐扩大对东亚国家的援助。概而述之，中国对东亚有关国家的官方发展援助具有以下三个特点。

第一，援助对象以柬埔寨、老挝、蒙古、缅甸等较不发达的国家为主，同时对印度尼西亚、越南和菲律宾等中等收入国家也有少量援助。中国政府结合受援国的实际需要及具体经济因素（如与特定国家的经济合作）选择援助对象，而不是刻板地局限于某一类国家，体现了中国对外援助政策中“受援国与援助国平等互利、共同发展”、“对外援助是发展中国家相互帮助”以及“与时俱进”等基本理念。[①]

第二，援助金额逐渐增加，但占中国对外援助总额的比重总体呈下降趋势。据不完全统计，2000年中国对东亚有关国家的援助额约为1.33亿美元，2012年为9.52亿美元，12年间增长了6倍有余（详见表2－9），但这一速度远不及中国对外ODA总额的增长速度，导致其占比不升反降：2000年8.18%，2012年降为6.54%。从援助额度看，作为一个整体的东亚不是中国对外援助的最重要区域，但单个国家（越南和柬埔寨）则一直是中国对外ODA的重点

① 《中国的对外援助（2011）白皮书（全文）》，中华人民共和国国务院新闻办公室：http：//www.chinanews.com/gn/2011/04－21/2989430.shtml（2011年4月），检索日期：2017年8月23日。

国家，在中国援助对象国的排位中靠前，如2011年越南是中国第三大援助对象，2012年柬埔寨在受中国援助的国家中排位第六。

第三，援助方式多样，内容分散。中国对外（包括对东亚地区）的援助方式包括：援建成套设备、提供一般物资、开展技术合作和人力资源开发合作以及紧急人道主义援助等。[①] 中国政府结合各国的经济发展特点，对东亚有关国家的不同经济部门或领域实施援助：对柬埔寨、老挝的援助主要集中于能源生产及供应，农业、林业及渔业，运输及仓储这三个领域；对菲律宾的援助内容以农林渔业为主；对于缅甸、越南及印度尼西亚等国的援助重点则在能源生产及供应部门；等等。[②]

表2－9　　2000—2012年中国对东亚的官方发展援助　　单位：万美元

年份	2000	2001	2002	2003	2004	2005	2006	2007	2008	2009	2010	2011	2012
柬埔寨	1377	1701	22380	3006	29	5001	4509	26709	6173	36105	59415	39304	72165
印度尼西亚	2	1053	614	606	80	49297	24325	21314	187	33055	151	113300	
老挝					301	9	4660	22	40	11		4	43
马来西亚						20		3					
蒙古		568	1222	30423			75	683		878	158	52490	20000
缅甸	1765		7200	20666	338	57	3016		2085	821		5	1221
朝鲜	4832		604		241			2500	1439				1800
菲律宾			2499	500	40005		605105						3
泰国	3				10	121	513	105		12	247	260	
越南	5367	3	8792		12	3951	627				30006	150004	1

资料来源：AidChina（http：//china. aiddata. org/）。

① 《中国的对外援助（2014）白皮书（全文）》，中华人民共和国国务院新闻办公室：http：//www. fmprc. gov. cn/ce/cohk/chn/xwdt/jzzh/t1173111. htm（2014年7月），检索日期：2017年8月23日。

② 详细数据请查阅：AidChina：http：//china. aiddata. org/，检索日期：2017年8月15日。

二　日韩对华援助

在东亚地区，中国接受外来援助的主要来源国是日本和韩国，二者是目前发展援助委员会（Development Assistance Committee，简称 DAC）[①] 在东亚（乃至亚洲）地区仅有的两个成员国。日本也是国际上最主要的援助国之一，2015 年其援助额为 93.2 亿美元，在世界援助国中排位第四。[②] 日本对中国的官方发展援助始于 1979 年大平正芳任首相时期，并一直持续至今，成为新中国成立以来最主要的 ODA 来源之一；跟日本比起来，韩国尚且是一个“新兴”的援助国，其对华官方发展援助的开始时间为 80 年代末，但真正重视对华援助是在 1992 年中韩正式建交之后。从援助金额、方式、内容及经济意图等方面看，日韩两国对中国的官方发展援助的演变过程及现状存在相似之处，当然在某些方面也各具特点。

就援助金额而言，日本和韩国对华 ODA 经历了增长再减少的变化过程（见表 2—10）。1979 年日本对华援助金额为 511 万美元，在日本对外援助总额中所占比重还未及千分之一；1979 年至 2005 年为曲折增长时期，并于 2005 年达到日本对华援助的“巅峰”——金额为 149780 万美元，占比约为 9.37%；此后日本对华援助逐渐走下坡路，至 2010 年净援助额开始出现负值，说明中国开始偿还贷款。韩国对华援助金额的变化过程与此相似，中国接受日韩 ODA 金额越来越少，其首要原因在于中国经济发展水平的提高。尽管中国尚属于中等偏高收入国家，而日韩已踏入高收入国家的行列，但从经济总量的排名看，中国自 70 年代起便一直在韩国

① DAC 是经合组织属下负责协调对发展中国家的官方发展援助的委员会，截至 2013 年底共有 29 个成员国。

② “Development Aid in 2015 Continues to Grow despite Costs for In-donor Refugees (13 April 2016),” OECD: http: //www. oecd. org/dac/stats/ODA - 2015-detailed-summary. pdf，检索日期：2017 年 8 月 17 日。

之上，2010年又超越日本成为世界第二大经济大国。在此背景下，中国也主动承担起大国责任，积极开展对外ODA，日韩两国自然再无理由对中国实施援助。

日韩对华ODA除了改善与中国的政治关系，两国也借此扩大与中国的双边经贸往来。[①] 通过提供大量的优惠贷款，提高中国对日本大型机械设备的购买能力，有效扩大日本出口；通过援助中国社会及经济各方面基础设施建设（如提高劳动力素质），为日韩两国对华投资创造更为有利的条件等。

表2-10　　1979—2015年日本及韩国对华官方发展援助额　　单位：百万美元

年份	日本		韩国	
	总支出	净支出	总支出	净支出
1979	5.11	5.11		
1980	8.28	8.28		
1981	50.5	50.5		
1982	748.37	748.37		
1983	671.31	671.32		
1984	733.99	733.99		
1985	727.06	727.01		
1986	646.28	646.28		
1987	617.96	617.96		
1988	665.46	664.58	0.03	0.03
1989	866.3	865.09	0.04	0.04
1990	789.07	771.19	0.04	0.04
1991	596.5	565.16	0.43	0.43
1992	1012.49	940.82	0.28	0.28
1993	1164.67	1056.79	0.9	0.9

① 朱凤岚：《日本对华官方援助的定位及评价》，《当代亚太》2004年第12期；刘舸：《韩国对外ODA政策的背景及特征》，《当代韩国》2008年第2期。

续表

年份	日本		韩国	
	总支出	净支出	总支出	净支出
1994	1181. 4	1062. 61	3. 43	3. 43
1995	1068. 51	919. 41	6. 25	6. 25
1996	854. 17	667. 44	43. 32	43. 31
1997	705. 55	493. 97	16. 9	16. 91
1998	1319. 34	1073. 46	30. 65	30. 65
1999	1303. 79	1001. 5	33. 8	33. 81
2000	911. 07	602. 22	20. 1	20. 1
2001	993. 9	612. 8	26. 61	24. 49
2002	1207. 81	774. 69	40. 35	37. 73
2003	1146. 6	668. 91	24. 99	21. 5
2004	1315. 15	803. 08	34. 3	30. 91
2005	1497. 8	913. 8	24. 72	21. 37
2006	1197. 95	515. 1	13. 59	10. 24
2007	1117. 11	408. 57	13. 9	6. 07
2008	1001. 83	232. 21	21. 59	17. 5
2009	908. 22	107. 45	7. 15	0. 78
2010	721. 57	-140. 04	6. 32	3. 36
2011	648. 79	-254	4. 31	-1. 05
2012	361. 99	-569. 98	3. 79	-1. 66
2013	271. 79	-662. 63	2. 74	-14. 34
2014	126. 78	-789. 98	1. 13	-6. 43
2015	151. 44	-742. 78	1. 33	-7. 35

资料来源：OECD Data（https：//data. oecd. org/）。

注："总支出"指援助国提供给受援国资金总额，即"总支出 = 无偿援助金额 + 有偿援助（优惠贷款）贷出额"，"净支出"则指援助国向受援国援助的资金总额减去有偿贷款项目下的回收款后所得之值，即"净支出 = 无偿援助金额 + 有偿贷款贷出额 - 有偿贷款回收额"。

第四节　劳务输出

国际劳务流动（或对外劳务输出）是国际劳动分工的一种形

式，也是经济全球化的产物。劳务输出是指劳动力由一国向境外转移的过程，一般通过对外承包工程[①]和对外劳务合作[②]两种方式派出，劳务输出人数为二者派出的人数之和。毫无疑问，劳务输出也是国家间经济联系的方式之一；劳动力在跨国界的流动过程中，其参与经济活动以及所涉及的人文和社会交流，不仅影响输出国的劳动力对输入国的认知，更影响输入国的国民对输出国家的评价。具体而言，处于价值链低端的劳务输出（指劳动密集型产业为主的普通劳务输出，劳动者主要从事体力劳动）可能造成输入国家对劳动力来源国家的负面评价，而处于价值链高端的劳务输出（指技术、资金密集型产业的劳务输出，劳动力从事的是脑力劳动）则更加可能造成输入国家对劳动力来源国家的正面评价。中国对东亚的劳务输出处于“高端”还是“低端”位置，主要取决于中国所输出的劳动力所处的行业，输出的目的地，输出方式以及劳动者本身的素质水平等。而这些中国对东亚劳务输出的特点正是本节分析的重点所在。

东亚各国（或地区）在国际劳务流动中的“地位”不同，主要表现在：印度尼西亚、菲律宾、越南和中国以劳务输出为主，文莱、中国台湾、日本、韩国、中国香港和新加坡是典型的接受外来劳务输入的国家（或地区），而马来西亚和泰国既向外国输出劳务，也引进外来劳工。[③] 按经济发展水平划分，外来劳工接收国都属于高收入（high income）国家，它们通过吸收外来劳动力弥补本国劳

---

① 根据《对外承包工程管理条例》，对外承包工程是指中国的企业或者其他单位承包境外建设工程项目的活动。派出人数指企业在报告期内派往国（境）外执行对外承包工程的人数。（中华人民共和国国家统计局：http：//www. stats. gov. cn/）

② 对外劳务合作指组织劳务人员赴其他国家或地区为国外的企业或机构工作的经营性活动。派出人数指企业在报告期内派往国（境）外执行劳务合作项目的人数。（中华人民共和国国家统计局：http：//www. stats. gov. cn/）

③ Piyasiri Wickramasekera：“Asian Labor Migration：Issues and Challenges in an Era of Globalization，” *International Migration Papers*，No. 57，2002，p. 14.

动力市场“供不应求”的现状，从而维持本国生产的正常运转；而劳务输出国则以中等偏低收入（lower-middle）国家为主，这些国家一般处于人口红利期，以输出剩余劳动力来缓解国内就业压力，同时赚取外汇。从经济意义上解读，国际劳务流动对于劳务输出国及输入国而言是互利的，而且流动规模越大，说明双方经济关系中的互补越突出。

总结起来，中国对东亚地区的劳务输出具有以下四个特点。

第一，以输出人数为判断依据，东亚地区是中国对外劳务输出的最主要目的地。2011 年中国对东亚劳务输出占其对世界的劳务输出总人数的 60%，2015 年比重略有下降，但依然高达 42%（见表 2－11）。中国对东亚大规模输出劳务，除了因为上文提及的输出国与输入国劳动力存在盈缺互补外，还基于以下几个原因：(1) 地理距离近。与北美、欧洲等世界上其他劳务输出目的地相比，东亚与中国的距离较短，劳务输出的成本相对较低。(2) 历史惯性。中国对东亚劳务输出的历史最早可以追溯到 17 世纪的“契约华工”（尽管当时的“劳务输出”性质有别于现在），此后又有中国人陆续由于战争、政治或个人的经济原因前往东亚国家（或地区）“打工”，这使得当前中国劳工在选择就业目的地时对东亚国家有所偏好。(3)“走出去”战略鼓励中国企业对外承包工程，而所承包工程项目的主要集中地之一是东亚地区——以 2015 年为例，中国对东亚 17 个国家（或地区）承包工程的营业额占世界的比重为 22%[①]——这有效壮大了中国对东亚劳务输出的规模。

第二，劳务输出的方式总体以劳务合作为主。2011—2015 年期间，每年中国以该方式向东亚派出的劳工数量在总派出人数中所占比重都在 75% 以上，这是中国对作为整体的东亚开展劳务输出的特

---

① 详细数据请参阅：中华人民共和国国家统计局：http：//data. stats. gov. cn/index. htm，检索日期：2017 年 8 月 19 日。

征。但对不同国家而言则存在明显差异：对日本、韩国、新加坡和港澳台等相对发达的国家（或地区）倾向于以劳务合作的方式进行劳务输出，而对缅甸、柬埔寨、印度尼西亚相对不发达的经济体则主要以承包工程的方式输出劳工。

第三，中国劳务输出的主要目的地是日本、中国澳门、新加坡和中国香港。这些国家（或地区）都是发达经济体，劳动力成本整体较高，某些行业的劳动力供应不足。这部分解释了中国对其进行劳务输出的原因，但各国（或地区）还有不同的缘由。日本主要源于政策因素。研修生制度是日本引进外来劳工的主要政策，中国对日本大量的劳务输出就是通过这一制度实现的。该制度是指外来劳工在赴日接受日本公共机构或私人企业一定时长（一般为一年）的培训之后，可以留日工作一至两年，享受当地发给的工资和有关法律的保护。① 值得一提的是，韩国也实行了一系列鼓励外来劳工进入韩国就业的外籍劳工政策，如外国人产业研修制度、就业管理制、雇佣管理制以及访问就业制等，但这些政策对中国朝鲜族有更优惠的规定（比如入境条件更为宽松），赴韩就业的中国劳动人口也就相对地局限于该群体，导致中国对韩劳务输出的总数反而较少。新加坡的市场因素发挥了重要作用。新加坡国内成熟发达的商业中介机构为外来劳工创造便利的条件和机遇，② 以及中国企业对新加坡的高投资，在某种程度上也鼓励了中国劳工成规模地赴新就业。就中国香港和澳门而言，中国内地劳工赴两地就业面临的文化障碍较小，港澳是内地企业直接投资所偏好的目的地等也成为内地对其进行劳务输出的原因。

第四，中国对外劳务输出的行业总体以制造业、建筑业和交通运输业为主。以 2016 年为例，中国在上述三个行业对外劳务输出

---

① 宋德玲、李盛基：《中国对日劳务输出的特点和趋势》，《国际经济合作》2012 年第 5 期。

② 项飚：《劳工移植东亚的跨国劳动力流动和“点对点”式的全球化》，《开放时代》2011 年第 5 期。

占比高达72.8%。[①] 但鉴于东亚各国（尤其是日本、新加坡等中国主要的劳务输出对象国）对外籍劳务的需求不同，中国向这些国家输出劳务的重点行业也存在差异。比如，通过研修生制度向日本派遣的劳工集中于建筑、市政施工和纺织加工等行业[②]，输出至新加坡的劳工主要从事建筑业、电子加工与海员等行业或工种[③]，在澳门就业的内地劳工主要分布在酒店、饮食和建筑业，在香港的则以金融、IT、家政等行业为主。[④] 这一行业与工种分布特征说明，中国对东亚的劳务输出以普通劳工为主，即劳动者主要集中于建筑、家政等劳动密集型产业，从事消耗体力类型的工种，而从事专业技术和管理工作的人员相对较少。目前中国在对东亚的劳务输出上总体还处于价值链的低端位置上。

表2－11　　2011—2015年中国对东亚劳务输出　　单位：人

国家或地区	输出方式	2011	2012	2013	2014	2015
文莱	劳务合作	—	—	—	—	—
	承包工程	188	167	235	34	150
缅甸	劳务合作	485	635	502	177	436
	承包工程	6612	7290	2373	2988	4131
柬埔寨	劳务合作	1513	1297	1750	1400	40
	承包工程	3433	4272	4060	3575	3033
朝鲜	劳务合作	—	—	2	10	15
	承包工程	1458	1250	638	542	311

① 《2016年中国对外劳务合作发展解析》，中国对外承包工程商会：http：//www.chinca.org/，检索日期：2017年8月15日。

② 范爱军、方学芹：《中、日、韩三国劳务合作的现状、问题及对策分析》，《世界经济》2002年第4期。

③ 《中国对外合作年度报告（2004年）》，中国对外承包工程商会：http：//www.chinca.org/，检索日期：2017年8月15日。

④ 《对外投资合作国别（地区）指南（2016年版）》，中华人民共和国商务部对外投资和经济合作司：http：//fec.mofcom.gov.cn/article/gbdqzn/，检索日期：2017年8月17日。

续表

国家或地区	输出方式	2011	2012	2013	2014	2015
中国香港	劳务合作	39918	41080	37844	36213	19984
	承包工程	2182	527	367	351	225
印度尼西亚	劳务合作	178	272	179	139	119
	承包工程	21109	3523	7985	15689	8062
日本	劳务合作	42252	48367	53357	60027	59848
	承包工程	26	44	31	11	—
老挝	劳务合作	459	147	313	988	165
	承包工程	6531	9109	11203	11570	11815
中国澳门	劳务合作	72779	70042	53816	52247	34242
	承包工程	54	334	447	1116	479
马来西亚	劳务合作	3752	2542	2192	2268	2442
	承包工程	3225	3837	5615	7536	9756
蒙古	劳务合作	201	564	1712	3191	1597
	承包工程	10935	7896	7951	6701	5363
菲律宾	劳务合作	234	121	118	76	91
	承包工程	669	1142	519	1182	1427
新加坡	劳务合作	35014	39251	29880	34577	26582
	承包工程	3756	2788	2917	1951	3298
韩国	劳务合作	2921	3783	3070	3958	6362
	承包工程	92	77	24	37	146
泰国	劳务合作	290	119	424	514	503
	承包工程	698	1984	1561	2411	2257
越南	劳务合作	584	859	1221	1363	1293
	承包工程	8752	5377	5746	9878	4933
中国台湾	劳务合作	7386	7545	6695	9804	9136
	承包工程	38	39	11	26	5
东亚	劳务合作	207966	216624	193075	206952	162855
	承包工程	69758	49656	51683	65598	55391
世界	劳务合作	209065	278380	255674	292570	276800
	承包工程	253070	269151	270934	233365	243159

资料来源：中华人民共和国国家统计局。

由于劳动人口增长缓慢（人口老龄化）以及劳动力成本日益提升，近几年中国廉价劳动力的优势逐渐丧失，国内某些城市甚至出现了“用工荒”的现象[①]，基于此，中国国内也出现不少“鼓励外籍劳工赴华就业”的声音。[②] 目前确实已有某些国家对中国进行小规模的劳务输出。

在东亚地区，中国引进外籍劳工的来源包括菲律宾、泰国和印度尼西亚三个国家。需要强调的是，这三个国家也是东亚最主要的劳务输出大国，但由于中国目前仍是劳务输出国家，引进外来劳动的政策制度不够完善，市场条件也未充分成熟，从这些国家引进外来劳工的人数非常有限。据国际劳工组织（International Labor Organization，简称 ILO）的统计，2004—2015 年，菲律宾累计向中国输出劳工 8.1 万人次，泰国和印度尼西亚分别约为 9000 人次和 6000 人次。[③] 当然，非法输入中国境内的劳工人数未计入其中。而在这 12 年间，上述三个国家对外劳务输出的总人数依次为 1188.8 万、171.6 万和 638.7 万[④]，相比较而言，菲律宾、泰国和印度尼西亚对华劳务输出的规模相当小，说明中国不是这些国家劳务输出的主要目的地。

中国与东亚的经济关系，在本章中具体表现在中国与东亚整体

---

① 《中国面临劳工荒　再难用廉价劳力换外汇》，环球网：http：//oversea. huanqiu. com/article/2015 -01/5449472. html（2015 -01 -20），检索日期：2017 年 8 月 23 日；《用工荒凸显农民工供给拐点来临》，中国经济网：http：//www. ce. cn/xwzx/gnsz/gdxw/201702/15/t20170215_20212093. shtml（2017 -02 -15），检索日期：2017 年 8 月 23 日。

② 《粤政协特聘委员吁引进外籍劳工　官方回应暂不允许》，中国新闻网：http：//www. chinanews. com/gn/2014/01 -15/5740113. shtml（2014 -01 -15），检索日期：2017 年 8 月 23 日；《学者：中国劳动力缺口大　应引进 1 亿亚非移民》，环球网：http：//world. huanqiu. com/hot/2015 -01/5478924. html（2015 -01 -23），检索日期：2017 年 8 月 23 日。

③ 详细数据请参阅：International Labor Organization（ILO）：http：//www. ilo. org/global/lang—en/index. htm，检索日期：2017 年 8 月 17 日。

④ 详细数据请参阅：International Labor Organization（ILO）：http：//www. ilo. org/global/lang—en/index. htm，检索日期：2017 年 8 月 17 日。

（各国或地区）在贸易、投资、官方发展援助及劳务输出这四个方面的联系，是随着全球化的深入与曲折发展而变化的。总体而言，近年来，中国与东亚的贸易与投资关系日益密切，不仅体现在“量”的增长，也反映在“质”的提升：中国在东亚地区生产分工与贸易体系中的地位逐渐由“低端”向“高端”转变；在往来投资中，也逐渐由主要投资对象国转变为重要的对外投资大国。这些事实直接或间接地说明中国在东亚地区的全球价值链中的地位逐渐提升，在东亚地区经济发展中扮演着日益核心的地位。中国与东亚国家间的官方发展援助和劳务输出的演变虽然不直接体现在全球价值链的变化上，但一个作为政府政策的结果，一个作为经济全球化的产物，对于我们理解中国与东亚的经济关系以及由此产生的东亚民众对中国的看法具有辅助作用。就目前的情况而言，中国对东亚国家的援助力度并不突出，二者的经济关系更多依靠平等互惠的贸易与投资联系来维持。另外，中国对东亚地区的劳务输出在“量”上占据了相对优势，但在“质”上并不发达，主要体现在劳务输出的行业和工种中，高端产业所占比重较低。

第 三 章

经济联系与国家对外影响力的关系

经济联系究竟如何影响一个国家的对外影响力？哪些因素影响二者之间的关系？本章首先回顾影响一国对外影响力的各种因素，并阐明经济与国家对外影响力之间的内在联系，在其基础上指出现有理论的不足，引入意识形态、社会结构与全球价值链三个变量，建立三个有关经济交往与国家对外影响力之间的关系的模型，解释这些因素对经济关系与国家对外影响力之间的联系产生怎样的影响。

第一节 对外影响力的决定因素

究竟是什么决定一个国家对外影响力的大小以及正面性程度？软实力概念的提出者约瑟夫·奈认为一个国家的文化、政治价值观和外交政策是该国软实力的三大来源；[①] 当然也会对一国的对外影响力产生重要作用。具体而言，文化可以增强一国的国际影响力，[②] 具体手段包括文化教育与对外传播、国家形象的宣传等。有些学者认为文化输出与国家形象宣传已经成为国家对外影响力的决定性力

① Joseph S. Nye, "Think Again: Soft Power," *Foreign Policy*, February 23rd, 2006.

② 居黎东：《文化与国家形象、国际影响力》，《当代世界》2005 年第 12 期。

量之一。[①] 政治价值观可以对普通民众产生明显的吸引力。现有对中美软实力进行对比的研究发现那些在对西方式的民主、自由和平等意识更强烈的国家，其民众对美国的认同度明显高于对中国的认同。[②]外交政策包括国家战略也是提升国家对外影响力的一个重要手段，[③] 政策可以是一国外交主导战略，如研究发现中国和平发展外交政策赢得不少周边国家和地区民众的支持；[④] 也可以是文化外交和公共外交为核心的品牌国家策略，甚至可以是对外援助等。[⑤]

除此以外，国家设置议程的能力，运用实力服务于自身利益的能力，以及与对象国之间的关系[⑥]，国家之间利益交换的水平（对于影响力施加国而言，寻求他国的支持与认可，而为他国提供诸如安全保障等好处的意愿及能力）[⑦] 等也会影响一国的对外影响力。此外，国家的国际社会资本，或者更具体而言，是对国际事务的参与水平、对国际组织的主导程度以及对国际义务的承担能力也是对

---

① 秦瑜明、赵晓菲：《试论全球化进程背景下的新闻传播与国家影响力》，《现代传播》（中国传媒大学学报）2012 年第 4 期；吴友富：《对外文化传播与中国国家形象塑造》，《国际观察》2009 年第 1 期。

② Min-Hua Huang and Bridget Welsh, "Follow the Leader? Soft Power of China and the US Compared," Paper prepared for delivery at conference on "China's Rise: Assessing Views from East Asia and the United States", co-organized by the Brookings Institution's John L. Thornton China Center and Center for Northeast Asian Policy Studies, March 29, 2013.

③ 许静、韩晓梅：《品牌国家策略与提升中国文化国际影响力——基于印度尼西亚"中国文化印象调查"的分析》，《外交评论》（外交学院学报）2016 年第 3 期。

④ Young Nam Cho and Jong Ho Jeong, "China's Soft Power, Discussions, Resources, and Prospects," *Asian Survey*, Vol. 48, Issue3, 2008, pp. 453 – 472.

⑤ 余南平：《法国在南部非洲国家的影响力塑造——以法国对非洲援助为视角》，《欧洲研究》2012 年第 4 期。

⑥ 徐晏卓：《变动中的亚洲秩序与中国影响力分析》，《上海交通大学学报》（哲学社会科学版）2017 年第 3 期。

⑦ 杨原：《武力胁迫还是利益交换？——大国无战争时代大国提高国际影响力的核心路径》，《外交评论》（外交学院学报）2011 年第 4 期。

外影响力的主要因素。[①]

现有研究主要关注非物质性因素如政策以及国家在国际事务中的话语权等，却较少着眼于国家硬实力相关的物质性因素，如一国经济总量及其与其他国家的经济联系等，然而这些因素其实在国家对外影响力的形成与发展中发挥基础性作用。有学者就强调国家影响力是以国家的实力为基础的。[②] 其中一个重要的方面就是经济方面的实力与资源——资金、产品、自然资源、技术等。经济交往在国家对外影响力中的作用可以在“培育与增强国家对外影响力需要一定的经济增速的支撑”“近代国际关系史上，西方国家通过军事征服和殖民扩张来扩大对其他国家的影响与控制”等各类观点中得到说明。[③]

一　经济联系与全球化

在阐释经济联系与国家对外影响力之间的关系之前，本书首先界定经济联系的概念。本书中的经济联系包含广义和狭义两个层面，广义而言，国家之间任何与经济有关的交往都可以纳入经济联系的范畴，包括贸易往来、投资关系等普遍意义上的国家间经济往来，以及政府援助、劳务输出等涉及资金、劳动力等生产要素流通的经济联系。经济联系是国际关系中最重要组成部分之一。狭义而言，经济联系是各国在经济领域的相互依赖。根据罗伯特·基欧汉（Robert Keohane）和约瑟夫·奈（Joseph Nye）的定义，相互依赖是指“以国家之间或不同国家

---

① 傅梦孜：《关于中国国际影响力问题的若干思考》，《现代国际关系》2011 年第 1 期；郝建：《国际社会资本：提升中国国际影响力的规范逻辑》，《贵州社会科学》2012 年第 12 期。

② 杨原：《世界主要国家实力与影响力（2014 年）》，《全国政治与安全报告》，社会科学文献出版社 2015 年版，第 40—64 页。

③ 王成金、孙东琪：《国家经济增速与国家竞争力/影响力的时空关系》，《地理科学》2016 年第 7 期；李晓明：《国家形象与软权力——论运用非军事手段维持增进国家的对外影响力》，《太平洋学报》2002 年第 4 期。

的行为体之间相互影响为特征的情形”[①]；经济相互依赖仅仅涵盖足以使国家行为体之间产生相互影响的经济活动。经济相互依赖存在多种形式，而全球化是其中最重要且对国家对外影响力作用最大的一种。本书就以全球化为重点个案深入阐释经济联系与国家对外影响力之间的关系，以下首先对全球化及对国家间经济相互依赖的作用作简要说明。

作为学术界的时髦词汇，“全球化”的定义多种多样，且存在过于宽泛的问题；比如，安东尼·麦格鲁（Anthony McGrew）认为，全球化是指世界上某一角落里的事件、决策与活动对距离遥远的其他地区的个人或社会产生巨大影响的过程。[②] 为了使研究更加清晰，本书界定全球化为经济全球化，即国家经济体之间通过商品、服务以及资本的跨国界流动所产生的经济融合。[③]

值得说明的是，经济全球化并不是经济的国际化。“国际化”是指各国间的贸易往来与国际合作加强，但是其基本单位仍然是彼此独立的国家经济实体；而“全球化”则是独立的国际经济实体融合到一个世界经济体系中，其结果是国家作为独立经济体系消失于全球经济体系之中。[④] 保罗·诺克斯（Paul Knox）曾经以美国人常

---

① 罗伯特·基欧汉、约瑟夫·奈：《权力与相互依赖》，门洪华译，北京大学出版社 2002 年版，第 4 页。

② Anthony McGrew, “A Global Society,” in Stuart Hall, David Held, and Anthony McGrew, eds. , *Modernity and Its Futures*, Cambridge: Polity Press, 1990, pp. 61 – 116. 戈德布拉特（David Goldblatt）的定义更为泛化——全球化是指人类团体与彼此间互动的形式或范围突破空间的限制，变为“横贯大陆，甚至跨越区域”，它是一个多维度的现象，涵盖了各种各样的社会活动，包括经济、政治、文化，以及社会活动的“场地”，如环境等。David Goldblatt, David Held, Anthony McGrew and Jonathan Perraton, “Globalization and the Nation-State: Shifting Balances of Power,” *Alternatives*, Vol. 22, No. 3, 1997, p. 271.

③ 这里采用了国际货币基金组织（IMF）的定义，详见：IMF：“Globalization: A Brief Overview,” http: //www. imf. org/external/np/exr/ib/2008/053008. htm（May 2008），检索日期：2016 年 12 月 13 日。

④ 张丽：《经济全球化与中国——基于国际劳动分工与不平等交换的视角》，《世界经济与政治》2008 年第 6 期。

用的一辆售价2万美元的通用汽车为例说明全球化的含义。[①] 这辆汽车中7600美元的价值在美国完成，底特律的生产工人和管理层，纽约的银行家和律师，华盛顿的政治说客以及通用公司在全美的股东获得该部分价值；剩下价值中的28%由日本的生产引擎和配套电子产品的生产商完成，48%由韩国的组装工厂完成，12%由德国的款式设计公司完成，7%来源于中国台湾和新加坡的小部件供应商，4%来源于英国的市场开发商，而1%是爱尔兰信息处理公司完成。通过这样的全球化过程，各国（或地区）彼此联系，相互依赖，形成一个不可分割的整体。

全球化发展至今可以分为三个紧密关联的层次。[②] 第一层次是产业全球化，其实质是跨国企业主导的国际劳动分工。跨国企业通过建立合资企业或者寻找合作伙伴的方式，将产品的设计、生产、销售等部分环节转移到其他国家。上述通用汽车的全球化生产过程即是典型的例子。与产业全球化相伴相生的第二层次全球化是金融全球化。跨国企业在世界范围内的并购和重组带来巨大的资金需求，催生跨国银行和跨境投资公司等金融产业的增长，以及买卖不同国家货币的外汇市场的发展。另外，为跨国企业提供高级生产者服务如会计、广告、法律等相关产业也在全球范围内伴随着跨国企业的流动而实现全球化。与第一和第二层次紧密联系的第三层次全球化是文化的全球化，包括技术流动如机械以及软件技术等，媒体信息流动如报纸、电子媒体、电影等，价值观流动如西方主流意识形态向边缘国家渗透，等等。值得说明的是，以上三个层次之间的界限其实是模糊的，全球化作为一个整体，各层次之间是相互渗透的。但是，这种简单的划分有助于明确本书所指全球化的范围。本

---

① Paul L. Knox, "World Cities in a World-System," in Paul L. Knox and Peter Taylor, eds., *World Cities in a World-System*, Cambridge: Cambridge University Press, 1995, p. 5.

② Ibid., pp. 6 - 9.

书中的全球化主要集中在第一和第二层次，因为这两个层次是全球化最基础的维度。正如大卫·赫尔德（David Held）所说，经济领域明显是理解全球化的起点。①

全球化对国际关系的首要影响是重新塑造国家之间的相互依赖关系（interdependence）。罗伯特·基欧汉（Robert Keohane）和约瑟夫·奈（Joseph Nye）认为“全球化是一种特殊的相互依赖”②。其特殊性表现在以下两个方面：第一，经济全球化主要是不同国家（及其经济行为体）在社会领域的相互依赖，影响主要涉及社会领域的经济行为体如企业和普通民众，较少涉及军事或者纯粹权力政治。第二，全球化的发展改变了国家之间原有的以双边为主的相互依赖，形成国家间多边网络状的相互依赖体系。以全球化生产网络（global production networks）为例③，它的发展将不同国家的相关生产部门整合在一起，从而改变了原有的国家之间产业整体转移模式以及由此形成的双边相互依赖关系。20 世纪 60 年代，发达经济体与发展中国家经济体之间的经济相互依赖主要通过传统的垂直顺梯度产业转移模式来实现的；④ 如在东亚的“雁型模式”（flying geese model）中，日本等发达国家在发展技术密集型产业后把劳动密集型产业整体转移至“亚洲四小龙”等新兴工业国家和地区，而当“四小龙”发展自身的资金和技术密集型产业以后，又将原来承接

---

① David Held, “Democracy and Globalization,” *Global Governance*, Vol. 3, No. 3, 1997, pp. 253 – 254.

② Robert O. Keohane and Joseph S. Nye, “Globalization: What's New? What is Not?,” *Foreign Policy*, Vol. 118, No. 118, 2000, pp. 104 – 119.

③ 有关全球化生产网络的代表性文献，可以参考：Gary Gereffi, John Humphrey and Timothy Sturgeon, “The Governance of Global Value Chains,” *Review of International Political Economy*, Vol. 12, No. 1, 2005, pp. 78 – 104；卢锋：《产品内分工》，《经济学》2004 年第 4 期；Jeffrey Henderson, Peter Dicken and Martin Hess, et al. , “Global Production Networks and the Analysis of Economic Development,” *Review of International Political Economy*, Vol. 9, No. 3, 2002, pp. 436 – 464。

④ 赵张耀、汪斌：《网络型国际产业转移模式研究》，《中国工业经济》2005 年第 10 期。

自日本的劳动密集型产业整体转移至东盟国家和中国。[①] 然而，进入20世纪八九十年代，全球化生产网络迅速发展，发达国家的跨国企业将产品的研发、销售，以及核心部件生产等高附加值产业留在发达国家，主要零部件制造工序专业到应用技术存在竞争优势的新兴工业化国家，而辅助零配件制造、产品组装等低附加值工序外包至非熟练劳动力具有竞争优势的发展中国家，形成由跨国公司主导和协调的多边的全球生产体系。[②] 全球化在加强各国经济社会相互依赖的同时，形成一个由多个国家的多向联系组成的复杂关系网络。一个国家与其他国家的关系越来越多地受到该国参与全球化的程度以及它在全球化网络中的地位的影响。

二　经济联系与对外影响力

"国家对外影响力"在本书中实质上是对象国民众对影响力施加国的认知与评价。对于一国在其他国家的经济联系如何影响当地公众对该国的评价，学术界有两种不同的看法。首先，一国与其他国家在广义上的经济联系如何影响外国公众对该国的评价，现有理论主要有两种视角。第一种是传统的新功能主义（Neo-functionalism），该范式提出区域经济一体化产生观念"溢出效应"（ideational spill-over）理论模型。[③]厄恩斯特·哈斯（Ernst Haas）认为经济的融合，也就是一国对周边国家经济活动增长，将会在受影响国家

---

① 有关东亚雁型模式的代表性文献，可以参考：Kiyoshi Kojima, "The 'Flying Geese' Model of Asian Economic Development: Origin, Theoretical Extensions and Regional Policy Implications," *Journal of Asian Economics*, Vol. 11, No. 4, 2000, pp. 375 – 401; Mitchell Bernard and John Ravenhill, "Beyond Product Cycles and Flying Geese: Regionalization, Hierarchy and the Industrialization of East Asia," *World Politics*, Vol. 47, No. 2, 1995, pp. 171 – 209。

② Ranjay Gulati, *Managing Network Resources: Alliances, Affiliations, and Other Relational Assets*, Oxford: Oxford University Press, 2007; Sumantra Ghoshal and Christopher A. Bartlett, "The Multinational Corporation as an Inter-organizational Network," *Academy of Management Review*, Vol. 15, No. 4, 1990, pp. 603 – 625.

③ Ben Rosamond, *Theories of European integration*. New York: St. Martin's Press, 2000.

的民众，特别是精英（主要是利益集团和政党）中产生一种观念性的“溢出效应”。具体地说，如果这些精英（和民众）看到经济的融合给自己带来更多的经济利益，他们就会有动机去支持和扩大这种跨国经济活动。随着这种跨国经济合作活动增加，受益者将会对提供经济利益的其他国家产生认可，并产生进一步经济和政治融合的动力。该理论揭示在经济利益驱动下，理性个体对提供利益的外部国家产生积极认知。换句话说，经济联系的加强不仅带来影响力增强而且这种影响力是正面的，即带来 A 类影响力。

哈斯进一步指出对于受跨国经济影响的国家，其社会内部结构越是多元化（pluralism）和民主化，其经济发展和工业化水平越高，就越有利于产生观念溢出效应，即 A 类影响力；这是因为工业化所带来的城市化有助于民众摆脱传统观念的束缚，接受外来新鲜事物，避免用狭隘的眼光看待跨国经济活动；而多元和民主化的社会有助于各种思想的形成和表达，减少狭隘民族主义的影响。[①] 21 世纪以来东亚国家中的日本与韩国与中国的贸易往来日益密切，且二者都属于西方式民主国家，社会结构相对多元，经济和工业化水平也逐渐提升，按照新功能主义范式的推理，日韩对中国的态度应该呈现好感度逐渐上升的结果，但（正如前文所述）事实并非如此。

第二种视角是现实主义角度，认为政治精英阶层对国家安全和政治利益的追求将会影响民众对其他国家经济活动的态度。罗伯特·吉尔平（Robert Gilpin）认为经济融合的外溢效应仍然取决于政治动机。[②] 政治精英在考虑其他国家经济活动是否对本国有利时，他们所考虑的是对自己国家的经济实力和国际竞争

① Ernst B. Haas, “International Integration: The European and the Universal Process,” *International Organization*, Vol. 15, No. 3, 1961, pp. 366 – 392.

② Robert Gilpin, *Global Political Economy: Understanding the International Economic Order*, Princeton University Press, 2001.

能力是否有益，而他们的看法通过媒体向公众传输，会影响民众的观点。[①] 因此，经济联系增强虽然可能带来更大的影响力，影响力的正面与否仍然受到政治精英阶层的影响，因而未必是A类影响力。

其次，狭义的经济联系——全球化的经济相互依赖关系——如何影响一个国家在其他国家民众中的经济影响力？现有文献对该问题的看法存在两种相反的观点。经济学中的新自由主义者对此持乐观的态度，他们认为由于全球化促进商品和资本在全球范围内的自由流动，一方面，发达国家可以从全球化的贸易和投资中获得巨额利润；另一方面，较不发达国家也能通过参与全球化效仿发达国家的制度文化而实现较快发展。[②] 这种双赢甚至是多赢的结果不仅可以增强彼此间经济相互依赖，而且双方民众对相互依赖持积极态度。换言之，彼此在对方的影响力都会扩大且更正面，类似于获得第一章所定义的A类影响力。国际政治经济学中的制度主义以及新自由制度主义学派也认为经济相互依赖会同时加深国家之间在其他方面的相互依赖，并可以通过扩展信息沟通，特别是通过建立相应的文化和制度机制来增进不同国家民众之间的了解并调节双方的利益冲突，从而增进相互积极认知。[③] 基欧汉和奈认为国家间的共同利益构成国际合作的基础[④]，而合作可以塑造一国民众对合作国影

① McCombs, Maxwell, *Setting the agenda*: *The mass media and public opinion*. John Wiley & Sons, 2013; Herman, Edward S. , and Noam Chomsky. *Manufacturing consent*: *The political economy of the mass media*. Random House, 2010.

② Soloman W. Polachek, "Conflict and Trade," *Journal of Conflict Resolution*, Vol. 24, No. 1, 1980, pp. 55 – 78; Susan M. McMillan, "Interdependence and Conflict," *Mershon International Studies Review*, Vol. 41, No. 1, 1997, pp. 33 – 58.

③ Ernst Haas, *The Uniting of Europe*, Stanford: Stanford Univ. Press, 1958; Ernst Haas, *Beyond the Nation State*, Stanford: Stanford Univ. Press, 1964; David Mitrany, *A Working Peace System*, Chicago: Quadrangle Books, 1966.

④ Robert O. Keohane, *International Institutions and State Power*: *Essays In International Relations Theory*, Boulder: Westview, 1989, pp. 2 – 3.

响的积极看法。

而新马克思主义者则持悲观的看法。他们反对新自由主义者认为全球化会给所有参与国家带来利益的观点，认为“全球化（影响）积极的一面主要产生于发达国家，消极的一面主要积聚在欠发达的地区”①。特奥托尼奥·多斯桑托斯（Theotonio Dos Santos）认为后者实际上是“依附”于前者而存在与发展的，而这种“依附性发展必然导致出现一个深刻的政治冲突和军事冲突及社会矛盾激化的长期过程”②。据此，发展中国家很难对发达国家的经济影响产生认同。与此同时，新现实主义者也强调全球化所带来的经济相互依赖可能增加国家间的摩擦或冲突。③这是因为全球化利益分配的不均衡会导致那些强调相对收益高于绝对收益的国家，特别是他们的政治精英，产生相对剥削感和不安全感。一个典型的例子就是中美之间的贸易冲突。由于中国在全球化的贸易中出口大量最终制成品给美国，对美国的中低层次的制造业造成冲击，相关产业的从业人员对中国抱有强烈的负面评价，并推动美国国会出台对中国贸易限制性法案。④换言之，一国参与全球化所带来的影响力更有可能是 B 类型的影响力。

---

① 卡齐米耶日·Z. 波茨南斯基著，刘耀辉译：《全球化的理论与实践》，《国外理论动态》2002 年第 8 期。

② 特奥托尼奥·多斯桑托斯著，杨衍永、齐海燕等译：《帝国主义与依附》，社会科学文献出版社 1999 年版，第 8 页。

③ 肯尼思·华尔兹著，信强译：《国际政治理论》，上海人民出版社 2008 年版，第 147 页；Katherine Barbieri，“Globalization and Peace：Assessing New Direction in the Study of Trade and Conflict,” *Journal of Peace Research*, Vol. 26, No. 4, 1999, 387 – 404。

④ Seungmin John Kuk, Deborah Seligsohn, Jiakun Jack Zhang, “The Effect of Rising Import Competition on Congressional Voting Towards China,” *Journal of Contemporary China*, 2017, forthcoming; Che Yi, et al. “Does Trade Liberalization with China Influence US Elections?” No. w22178, *National Bureau of Economic Research*, 2016.

第二节　现有理论的局限及本书的理论模型

上述理论为理解经济关系与国家对外影响力提供了重要基础，但也存在以下的局限性。第一，将国家视为统一的整体，较少对一个国家内部的政府与社会，特别是社会内部不同群体进行细分，而且没有关注到不同社会群体由于受到外国经济联系的影响特别是全球化的影响不同，对其他国家的评价和看法可能存在差异。如欧美国家中的精英阶层与中下社会阶层显然对全球化的参与国家持有完全不同的看法；中下阶层作为受害者，对与该国经济联系特别是全球化中经济联系紧密的国家更多持有负面的看法。因此，从国家内部不同社会阶层的角度重新审视经济联系如何影响一国在其他国家的经济影响力变得十分必要。第二，现有理论主要从双边相互依赖的角度上探讨一个国家/国家集团（如发达国家）对另一国/国家集团（如发展中国家）的经济影响力，未能充分说明全球化所带来的多边相互依赖，即多个国家在全球化体系内所发生的共同相互依赖特别是其内部的组织关系将如何改变其中的一个国家在其他国家的影响力。例如，全球化中的全球价值链体系深入地改变了各国之间经济联系的方式与程度，而这些变化究竟如何改变价值链中每个国家的影响力却缺乏深入的研究。此外，上述理论的各种视角包括新功能主义、现实主义及政治经济学等分别从受影响国家的政治经济结构、政治精英的利益取向以及各国发展程度的互补性来解释经济活动如何影响民众对他国的看法。这几种视角都忽视了影响民众的一个关键的因素——主导性的社会思潮或者意识形态——对于民众看法的调节作用。建构主义认为利益的界定是主观建构的。亚历山大·温特（Alexander Wendt）认为行为体的身份和利益的建构受到主体文化特别是现有意识形态框架的制约。[①] 同样地，民众判断其他国家的经济活动是否对本国有利也建立在主流社会意识形态基础之上。约恩·赫纳特（Bjorn Hettne）的研究发现，发展、和平和可持续发展的环境等社会价值观念密切影响当今一体化的发展。[②] 可见，意识形态也可能成为影响国家对外影响力的重要因素。

总体而言，现有理论较少从社会结构、全球化多边相互依赖模式与意识形态等要素出发讨论经济交往与国家对外影响力之间的联系。但从经济交往的内涵来看，这几个要素是不可忽略的。首先，一国社会结构是该国经济发展，或者更具体而言，是工业化及参与经济全球化的结果；而参与经济全球化本身就是各国经济交往最重要的模式。其次，本书的意识形态特指一国民众对于本国及影响力实施国经济发展的思想观点与价值观的总和，它是国家间经济发展与交往在观念层面上的重要“副产品”。基于上述理论探讨，我们建立了有关全球化与国家对外影响力的两个基本维度即影响力大小和正面性的三个理论模型，然后结合中国与东亚国家的具体情境，提出相应的理论假设。

一　影响力大小差异：从以国别为基础转换为以社会阶层为基础

一个国家与外国的经济联系，特别是全球化的发展，在一个国家内部民众中是高度不平衡的。这体现在两个方面：第一，从地域上说，城市是对外经济联系包括全球化展开的主要区域，因此，市民参与国际经济合作（全球化）的程度远高于农村居民。跨国公司

---

① Alexander Wendt, *Social Theory of International Politics*, Cambridge University Press, 1999.

② Björn Hettne, “Globalization and the New Regionalism: The Second Great Transformation,” *Globalism and the New Regionalism*, 1999, pp. 1 – 24.

的总部以及他们在合作国家的主要管理机构都集中在主要的大城市。“这是因为跨国企业的各种高级管理功能必须靠近资本市场，媒体和政府……因为相关决定需要（与这些结构的主要领导人）面对面的接触。”[①] 为跨国企业提供高级生产服务的行业如市场营销、广告、会计、法律以及信息处理等也相应地集中在城市。根据地理学中有关“世界城市”（world city）的研究发现，全球化基本上是在全球的主要城市体系中完成的，而体系中各城市根据参与全球化的程度，如跨国企业总部（包括区域总部）、金融机构、高级生产服务行业的集中程度，可以分为不同的等级。[②] 最高级是世界级的都市，如世界级的金融中心伦敦和纽约。第二级一般是具有较为集中的全球化的商业以及区域交通枢纽功能的城市包括中心国家的主要城市如芝加哥、洛杉矶以及布鲁塞尔和法兰克福等，以及边缘和半边缘国家的首都或者经济中心如首尔、北京、上海、马尼拉、雅加达等。第三级城市是国家内部区域中心城市。第四级则是地方城市及其腹地。随着城市层级的下降，跨国企业、金融以及提供其他生产高级服务行业的企业和组织数量也相应减少。[③] 第一级城市几乎集中所有提供金融和其他高级生产服务的全球企业，而到了第四级这些企业的分支机构非常稀疏。换言之，城市的等级越高，其居民中高度参与全球化的比例就越高。

---

① Stephen Hymer, “The Multinational Corporation and the Law of Uneven Development,” in J. Bhagwati, eds., *Economics and World Order from the 1970s to the 1990s*, New York: Collier-Mac-Millan, 1972, p. 127.

② 有关世界城市研究的代表性文献，可以参考：Saskia Sassen, *The Global City: New York, London, Tokyo*, Princeton: Princeton University Press, 2001; John Friedmann, “The World City Hypothesis,” *Development and hange*, Vol. 17, No. 1, 1986, pp. 69 – 83; John Friedmann and Goetz Wolff, “World City Formation: An Agenda for Research and Action,” *International Journal of Urban and Regional Research*, Vol. 6, No. 3, 1982, pp. 309 – 344。

③ 有关世界城市等级的划分可以参阅：Jonathan V. Beaverstock, Richard G. Smith and Peter J. Taylor, “A Roster of World Cities,” *Cities*, Vol. 16, No. 6, 1999, pp. 445 – 458。

第二，从社会阶层的角度来说，受过高等教育的专业中产阶层是国际经济联系（全球化）的主体。[①] 上文所提到的全球化三个层次中，主要从业人员是受过高等教育，具有一定的专业技能的中产阶级（professional middle class）。产业全球化层次中，除了部分生产环节外，从事产品的研发、设计、管理、销售等环节都需要相当专业的知识和技能。而金融、高级生产者服务则完全是专业领域。文化传播层次更加需要具有良好的文化基础的从业人员。全球化的发展过程中，一方面，中心国家保留了产品研发、设计、高层管理等需要高级专业知识的领域；另一方面，边缘和半边缘国家包括一般技术密集型工序生产国（主要零部件制造）和劳动密集型工序生产国（辅助零配件制造和组装）在承接产业转移的过程中，也发展了相当部分的管理和中低层次的产品开发工作岗位。此外，金融和高级生产服务部门跟随产业转移，也在边缘和半边缘国家发展起来，并提供大量的专业技术的工作岗位。相关从业人员的首要特征是较高的文化和经济资本，即大多数具有较高的教育程度和中等以上的收入水平。

这批参与国际经济合作（全球化）程度较高的专业中产阶级具有某些共同的社会特征，如更加关心国际时事，更多地使用全球化的信息工具如互联网，对全球化抱有更为开放的态度，在宗教较为复杂的东亚和东南亚地区，他们较少参与宗教活动，而更多考虑世俗事务。这些社会特征是他们在社会化包括为职业所接受的高等教育训练以及从事全球化相关职业的过程中所形成的。用法国哲学家布尔迪尔（Bourdieu）有关“生存状态”（habitus）理论来说，这些社会特征是他们在与全球化相关的职场“场域”（field）中的社

---

① 有关专业中产阶级的概念，可以参考：Joanne Kay and Suzanne Laberge, “The ‘New’ Corporate Habitus in Adventure Racing,” *International Review for the Sociology of Sport*, Vol. 37, No. 1, 2002, pp. 17 –36。

会资本（social capital）。[①] 正是这些社会特征使得这个阶层对于全球化以及全球化中的主要国家更为了解，也更加理解自身与这些国家的相互依赖关系。对于中国在东亚周边国家中的影响力而言，东亚国家中的该阶层比其他社会阶层更为了解中国，并更容易认为中国对本国具有较大影响力。

总之，国际经济联系（全球化）对于各国内部社会的影响并不是均衡的。一部分群体高度参与经济全球化，而其他群体的参与度则较低。当全球化的发展将大多数国家编入其相互依赖的多边网络之后，其结果就是国家之间相互依赖发展为各国家内部与全球化紧密相关特定群体之间的相互依赖，即跨国相互依赖阶层的出现。随着全球化的发展，跨国相互依赖阶层之间的相互依赖关系要比国家之间的整体相互依赖关系更为紧密。其结果就是一国对外经济影响力的大小从以国别为基础转换为以社会阶层为基础。换言之，在解释一国在其他国家经济影响力大小的差异（或者其他国家民众评价某国影响力大小的差异）时，国家整体性因素如两国间政治关系和历史恩怨变得较不重要，而社会阶层因素如专业中产阶级的数量则非常重要。根据上述分析，结合中国在东亚国家的具体情境，本书首先得出以下两个假设。

假设一：东亚周边国家国民众对中国影响力大小的评价不存在国家间整体性差异（没有受到国家间整体性因素的影响）；

假设二：东亚周边国家国民众对中国影响力大小的评价在同一国家内部不同社会群体之间存在显著差异。各国受国际经济联系（全球化）影响较多的专业中产阶级，即居住在较高层级的世界城市中，拥有较高教育程度，收入处于中等阶层，更加关心国际时

---

① Pierre Bourdieu and Richard Nice (trans.), *Distinction: A Social Critique of the Judgment of Taste*, Cambridge, MA: Harvard University Press, 1984; Pierre Bourdieu and Richard Nice (trans.), *Outline of a Theory of Practice*, Cambridge: Cambridge University Press, 1977.

事，更多地使用互联网，对全球化抱有更为开放的态度，较少参与宗教活动的人群，比其他社会阶层更倾向于认为中国对本国的影响力大。

二　影响力正面性差异：国家在全球价值链中的角色与地位

国家经济联系如何影响一国对外影响力的正面性？对全球化而言，在全球化所形成的多边相互依赖网络中，各国家之间的关系并不是杂乱的，而是通过全球价值链的方式进行整合，而一国在价值链中的角色和地位与其对外影响力存在密切关联。

全球价值链是工业经济学和商业研究中的常用概念，最早由哈佛大学商学院迈克尔·波特（Michael Porter）教授提出，指商品或服务在全球范围内从生产、销售到回收、处理的整个过程。[①] 在这个由多个环节组成的链条中，每一个环节的经济活动都增加最终产品的市场价值。[②]在全球化体系中，一些国家的经济行为体承担价值链的核心环节，而其他国家则完成非核心环节，他们在价值链中的角色和地位存在显著差异。盖瑞等人（Gereffi Gary et al.）关于价值链内部治理的研究显示，居于价值链上游的发达国家领导企业往往对处于价值链中端和末端的发展中国家初级产品供应商以及组装企业具有很强的技术和管理控制能力，特别是在很难实现标准化处理的产业领域。[③] 这种地位差异往往是以国家为基础的整体性差异。

---

① Michael E. Porter, *Competitive Advantage: Creating and Sustaining Superior Performance*, New York: Free Press, 1985.

② 价值链的发展主要由自20世纪70年代以来跨国企业的垂直非一体化（Vertical Disintegration）所带动，有关价值链各环节以及升级，可以参考：John Humphrey and Hubert Schmitz, "How does Insertion in Global Value Chains Affect Upgrading in Industrial Clusters?," *Regional Studies*, Vol. 36, No. 9, 2002, pp. 1017 - 1027。

③ Gereffi Gary, John Humphrey and Timothy Sturgeon, "The Governance of Global Value Chains," *Review of International Political Economy*, Vol. 12, No. 1, 2005, pp. 78 - 104; John Humphrey and Hubert Schmitz, "Governance in Global Value Chains," *IDS Bulletin*, Vol. 32, No. 3, 2001, pp. 19 - 29.

换言之，虽然每个国家有不同的资源禀赋，优势产业不同，可能在某些产业中地位较高而某些较低，但是总体来说，一个国家大部分经济行为体在各自相关产业价值链中的位置趋同。这是因为每个国家的企业在产业中的竞争能力与本国劳动力的技术水平、人才素质、基础设施、市场规模、国内需求水平以及政府结构等国家整体性因素紧密相关。[①]

就影响力而言，由于产业链上游的国家掌握核心技术和能力，且整体科技水平与民众素质都较高，它们较容易获得中下游国家的积极评价。另外，它们具有较强的投资能力，能够在下游国家进行产品开发和技术转让等经济活动，这些都可以使下游国家受益。但是对下游国家来说，由于资金、技术和人才各方面的劣势，较难获得上游国家的肯定。从心理认知的角度来说，由于产业链是以价值增值为目的，具有更强增值能力的人或者国家很容易在该群体中成为被仰慕的对象，因而对其他成员具有专家型权力（expert power）；相反，增值能力较低的人或者国家则不容易在群体中获得认同。[②]因此，下游国家民众更容易对上游国家产生积极评价，而上游国家则容易对下游国家形成消极评价。值得说明的是，上下游国家之间的关系是相对的，根据国家在产业链中的位置来区分，一国可能相对于后面的国家是上游国家，而相对于前面的国家则是下游国家。

为了更清晰地阐明一个国家在产业链中的地位以及与其他国家

---

① 有关产业链与国家整体实力的探讨，代表性的著作有：Michael E. Porter, *Competitive Advantage of Nations*: *Creating and Sustaining Superior Performance*, New York: Simon & Schuster, 2011; Mike Morris and Cornelia Staritz, "Industrialization Trajectories in Madagascar's Export Apparel Industry: Ownership, Embeddedness, Markets, and Upgrading," *World Development*, Vol. 56, No. 56, 2014, pp. 243 – 257。

② 专家型权力的概念是由 John R. P. French 和 Bertram H. Raven 在讨论社会权力（Social Power）时提出的，详见：John R. P. French, Bertram H. Raven, "The Bases of Social Power," in Jay M. Shafritz, J. Steven Ott and Yong Suk Jang, eds., *Classics of Organization Theory*, Boston: Cengage Learning, 2010, pp. 151 – 157。这一概念在 Katz Daniel and Robert Louis Kahn, *The Social Psychology of Organizations*, New York: Wiley, 1978. 一书中得到阐述。

的关系，我们使用前向链接（forward linkage）和后向链接（backward linkage）[①] 的概念。前者是指一国出口的产品作为中间品进入他国出口产品的部分，后者则表示一国出口的产品中包含的有其他国家创造的部分，分别用前向链接度和后向链接度[②]进行衡量。一国前向链接度越高，在全球价值链中就越处于上游的位置，该国输出的中间品相对较多，在国际分工中主要负责技术含量高的零部件的生产；相反，后向链接度越高的国家，则在全球价值链中越处于下游的位置，即对来自他国的中间品需求较大，在国际分工中主要从事产业的加工与组装。[③] 前、后向链接度可以较为客观地呈现一国在国际分工网络中的位置。但是，考虑到本书中东亚各国民众对中国正面性评价并不是由各国在全球价值链中的地位决定的，而是由中国与这些国家在全球价值链中的相互关系所影响的，本书将“一国的前、后向链接度”进一步细化为“一国对另一国的前、后

① “前向链接”与“后向链接”的概念最早由阿尔伯特·赫希曼（Albert O. Hirschman）在 Albert O. Hirschman, *The Strategy of Economic Development*, New Haven, Conn.: Yale University Press, 1958 一书中提出。Ronald E. Miller and Peter D. Blair, Input-Output Analysis: Foundations and Extensions, Cambridge: Cambridge University Press, 2009, pp. 555 - 565; Guido Cella, “The Input-Output Measurement of Interindustry Linkages,” *Oxford Bulletin of Economics and Statistics*, Vol. 46, No. 1, 1984, pp. 73 - 84 等代表性文献都对这两个概念进行了较为深入的阐述。

② 前向链接度和后向链接度分别对应经合组织（OECD）贸易附加值数据库（Trade in Value Added（TiVA）database）中的“EXGR_DVAFXSH”（Domestic value added in partners’ exports, as share of gross exports）和“EXGR_FVASH”（Foreign value added share of gross exports）两项指标，详见：OECD. Stat: http://stats.oecd.org/index.aspx? queryid = 66237，检索时间：2017 年 3 月 10 日。

③ “上游”与“下游”是由产业链延伸出来的一组概念，在不同语境下，“上游”与“下游”各自所指涉的对象也有所不同。在产业间分工的语境下，“上游”一般指从事资金与技术含量低、附加值低的资源开采、劳动密集型产业活动的国家，从事精细加工等资金、技术密集型产业活动的国家则为“下游”；但在产业内分工的语境中，“上游”指提供零部件或半成品的国家或企业，而“下游”则负责组装与加工。当前的国际分工已逐渐由产业间分工发展为产业内分工，且前、后向链接度的计算方法也强调的是“中间品”在出口中的比重，更符合产业内分工的情况，因此本文讨论的“上游”与“下游”都是指产业内分工语境下的含义。详见刘志迎、赵倩：《产业链概念、分类及形成机理研究述评》，《工业技术经济》2009 年第 10 期；杨国亮、张元虹：《论当代国际分工的深化及其对世界经济格局的影响》，《当代经济研究》2007 年第 7 期。

向链接度”，以精确地描述两国在全球价值链中的链接关系。假设有 A、B 两国，A 国出口到 B 国的“中间品”价值占 B 国出口总值的比重为 A 对 B 的前向链接度；相反，B 国出口到 A 国的“中间品”价值占 A 国出口总值的比重则为 A 对 B 的后向链接度。A 国对 B 国的前向链接度越高，说明在全球价值链或国际分工体系中 A 国越处于 B 国的“上游”位置；A 国对 B 国的后向链接度越高，则代表 A 国越处于 B 国的“下游”位置。因此，通过测量东亚各国对中国的前向与后向链接度，就可以较为清晰地显示出东亚各国与中国在全球价值链中的相对位置。基于上述相关分析，本书中得出以下两个基本假设：

假设三：东亚周边国家民众对中国影响力是否正面的评价存在显著的国家间整体性差异；

假设四：对中国的前向链接度越高的东亚国家对中国影响力的评价更负面；而对中国的后向链接度越高的东亚国家对中国的影响力评价更正面。

三　影响力正面性差异与意识形态

哪些认知或者价值观因素会影响一国民众评价其他国家的经济影响力？我们认为有两个基本的观念变量需要考虑。第一，经济受惠度，主要是指主体感受到国家经济发展且自己（和家庭）的物质利益增长的程度。根据新功能主义的理论，经济受惠度上升显然是产生观念“溢出效应”的基础，只有主体的经济受惠度增长，他/她才能从理性的角度，对带来经济利益的国家产生正面归因，积极评价它的影响。

但值得说明的是，民众经济受惠度与一国在另一国的经济活动之间并不是直接的线性关系。民众经济受惠度的感知取决于多方面因素，如所在地的经济发展、政府政策、国内的投资等；仅仅一个域外国家的影响是有限的，而且这影响还同时和大量的其他经济因素相互作用，很难分开。但是，经济发展受惠度是影响民众对外国经济活动态度的一个关键认知变量。只有当个体感受到经济改善且自己受惠，他/她才有可能对与本国（地）经济相联系的域外国家产生正向归因。很多时候，尽管个体没有看到自身经济利益增长与域外国家增长的经济活动之间的直接关系，他/她也会倾向于认为这些经济活动是有益的，因为这些活动恰好和自身利益增长同时发生，这就容易在产生积极的归因，即心理学上“协变归因理论”(co-variation)。[①] 同样地，如果个体没有感受到经济受惠度，就算域外国家的影响是正面的，也很难产生积极情绪归因，甚至会把自身无法发展的原因归咎于域外国家的活动（由于两者同时出现），产生消极归因。

经济受惠度对于外国公众评价中国的经济影响十分重要，因为中国作为一个快速发展的经济大国，其影响的方式更多是通过增量而不是存量。这与拥有巨大存量影响优势的美国和日本而言，有很大区别。自 2007 年开始，中国成为世界经济增长最主要的拉动引擎，2007—2009 年平均拉动经济 0.67 个百分点，[②] 且这种趋势一直持续。因此，经济发展迅速的国家更有可能感受到中国经济的影响力并产生认同，而发展缓慢的地区不仅难以对中国经济产生认同，甚至认为中国是造成经济不振的原因。基于以上分析，本书提出第五个假设。

假设五：经济受惠度调节中国经济活动影响大小与东亚周边国

① Harold H. Kelley, “The processes of causal attribution.” *American psychologist*, Vol. 28, No. 2, 1973, p. 107; Sandra Graham and Valerie S. Folkes. *Attribution theory: Applications to achievement, mental health, and interpersonal conflict*. Psychology Press, 2014.

② 根据世界银行 World Development Indicators（WDI）数据计算得出。http://data.worldbank.org.cn/data-catalog/world-development-indicators，检索日期：2016 年 2 月 18 日。本书之所以使用 2007—2009 年数据，是因为考虑到 ABS 调查完成日期是 2010—2012 年。

家民众对该影响评价之间的关系。具体地说，在民众总体经济受惠度高的国家，中国的影响越大，民众对华评价越积极；相反，在民众总体经济受惠度低的国家，中国的影响越大，民众对华评价反而越消极。

第二个意识形态因素是发展主义价值观。“发展主义”（developmentalism）在社会科学中具有两层含义：第一，作为一种学术研究理论，强调经济增长是发展的动力，工业化和现代化必将带来经济增长，经济增长最终带来社会进步和政治民主化；[①] 该理论起源于第二次世界大战后美国，思想基础是启蒙运动的进步主义和马克斯·韦伯的理性主义，经过战后半个世纪的不断发展，目前已经成为政治经济学的主流学派之一。第二，作为一种意识形态和价值观，强调经济发展和物质财富的积累是社会的中心任务，并且优先于政治民主发展和社会福利等社会建设。本书中发展主义是第二种，确切地说，是一种强调经济发展作为个人和社会首要利益的一种价值判断。[②]

民众发展主义价值观的强弱与社会发展阶段紧密相关；根据罗纳德·英格尔哈特（Ronald Inglehart）的研究，社会经济发展可以划分为三个阶段：前工业化阶段、现代化阶段与后现代化阶段，发展主义在每个阶段的强度不同。在前工业化阶段，由于经济活动以农业和资源开发为主，社会主流价值观取向倾向于维护宗教和传统的先赋权威，发展主义价值观较弱；而现代化阶段，由于出现工业化、分工专业化，物质财富开始大量积累，社会主流价值观以成就、理性和科学为取向，强调经济增长，最大限度地获取经济收

---

① Kathryn, Sikkink, *Ideas and institutions: developmentalism in Brazil and Argentina*, Cornell University Press, 1991. Jan Nederveen Pieterse, “Dilemmas of Development Discourse: The Crisis of Developmentalism and the Comparative Method.” *Development and Change*, Vol. 22, No. 1, 1991, pp. 5 – 29; 郁建兴：《发展主义意识形态的反思与批判》，《马克思主义研究》2008 年第 11 期。

② Tony Smith, “Requiem or New Agenda for Third World Studies?” *World Politics*, Vol. 37, No. 4, 1985, pp. 532 – 561.

入，发展主义普遍被接受；而进入后现代化阶段，由于科技高度发达，物质长期富足，人们对于经济发展需求降低，主流价值观倾向于后物质主义，即日益追求个人幸福感、自我表现和生活质量；发展主义价值观重要性降低。[①] 类似地，华尔特·惠特曼·罗斯托（Walt Whitman Rostow）提出“经济成长阶段论”，认为一个国家的经济发展过程分为五个阶段：传统社会阶段、为发动创造前提条件阶段、发动阶段、向成熟推进阶段和高额群众消费阶段，其中发动阶段、向成熟推进阶段是发展主义较为流行的时期。[②]

发展主义的价值观有利于跨国经济活动产生“观念溢出效应”，因为经济活动的主要影响是在物质领域，只有重视物质领域才能对产生物质利益的国家产生认可，并淡化该国家在安全或者政治方面的某些不利影响，特别是当这些影响不严重的情况下。相反，如果民众将安全或者个人实现（政治权利和精神满足）作为首要利益，经济利益的“观念溢出效应”会减弱。

发展主义价值观对于外国公众评价中国十分重要。中国本身就是发展型国家，政府以发展主义为导向。[③] 另外，中国对世界经济的影响主要来自于制造业的发展以及工业制成品的大量出口，根据世界银行数据，2013 年中国制造业增加值在世界排名第一，占比达到 20.8%。[④] 这对于重视物质领域的人和社会来说，大量质优价廉的商业产品提供改善生活的可能。另外，中国不断增长的对外投资

---

① 罗纳德·英格尔哈特：《变化中的价值观：经济发展与政治变迁》，《国际社会科学杂志》（中文版）1996 年第 3 期。

② 华尔特·惠特曼·罗斯托著，国际关系研究所编译室译：《经济成长的阶段——非共产党宣言》，商务印书馆 1962 年版。

③ John B. Knight, “China as a Developmental State,” *The World Economy*, Vol. 37, No. 10, 2014, pp. 1335 – 1347; Adrian Leftwich, " Bringing Politics Back in: Towards a Model of the Developmental State," *The Journal of Development Studies*, Vol. 31, No. 3, 1995, pp. 400 – 427.

④ World Bank, World Development Indicators (WDI), http://data.worldbank.org.cn/data—catalog/world-development-indicators，检索日期：2016 年 2 月 14 日。本书之所以使用 2013 年数据，是因为考虑到 ABS 第三轮调查大部分国家完成日期是 2012 年左右。

也给投资目的地带来经济发展和就业机会，这也是具有发展主义价值观的人所重视的。此外，中国对外影响力的一个短板在于政治领域，特别是在美国等西方国家所推崇的“竞争性民主制度”掌握政治的话语权的东亚国家。那些重视西方式政治权利的人对中国膨胀的经济影响力会产生抵制情绪。因此，本文提出第六个理论假设。

假设六：发展主义倾向调节中国经济活动影响大小与东亚周边国家民众对该影响评价之间的关系。具体地说，在发展主义倾向强的国家，中国的影响越大，民众对中国的评价越积极；相反，在发展主义倾向弱的国家，中国的影响越大，民众对中国的评价反而越消极。

综上所述，经济关系与国家对外影响力的关系并不是简单的线性相关关系，而是具有诸多的不确定性。但在本书中，在（影响力）受力国的意识形态、社会结构以及施力国与受力国在经济全球化中的互动这三种因素的规范下，经济关系与国家对外影响力的关系又表现出一定的规律性。本书的下一部分，将根据中国与东亚国家的经济关系及中国在东亚地区的影响力的相关数据，对上述几个理论模型及相应的假设进行实证检验。

第四章

研究方法

为了验证前文的假设，我们使用第三轮亚洲民主动态调查（以下简称 ABS3）数据进行实证分析。亚洲民主动态调查是由台湾“中央研究院”政治学研究所与台湾大学人文社科高等研究院共同主持的大型跨国调查研究项目。该项目利用社会调查方法，长期追踪东亚国家与地区公民政治行为和态度（包括对国际事务态度）。该项目已经完成四轮调查，是国际晴雨表调查（Global Barometer Survey）项目的区域成员。本书所使用的 ABS3 调查数据于 2010 年 1 月至 2012 年 11 月在东亚国家和地区获得。本书选取菲律宾、泰国、蒙古、日本、韩国、新加坡、马来西亚、柬埔寨、印度尼西亚（由于越南对中国的态度数据缺乏，未包括在内）9 个国家的样本作为研究对象，共获得有效样本 11973 个。各国的样本数量如表 4－1 所示。各国数据的代表性以及测量问题的信度与效度得到了检验。[①] 以下首先介绍具体的抽样方法以及对样本代表性检验，然后说明各变量的定义、测量及结果。

---

① 具体结果可以参考 http：//www. asianbarometer. org/data/data-release。

表 4 - 1　　ABS3 东亚各国样本情况

国家	样本数（个）	样本占比（%）
日本	1880	15.70
印度尼西亚	1550	12.95
泰国	1512	12.63
马来西亚	1214	10.14
蒙古	1210	10.11
韩国	1207	10.08
菲律宾	1200	10.02
柬埔寨	1200	10.02
新加坡	1000	8.35
合计	11973	100.00

资料来源：第三轮亚洲民主动态调查（http://www.asianbarometer.org/data/data-release）。

第一节　各国数据的收集

ABS3 数据库详细介绍了每个国家的样本抽取方法、过程及质量控制的措施。这里以韩国为例进行简单说明。ABS3 的韩国调查于 2011 年 5 月 1—19 日展开，调查对象的总体是韩国全境（除济州岛以外）19 岁及以上的韩国民众。样本的获取采用多级抽样（分层随机抽样）的方法，问卷使用面对面访谈的方式收集数据，最终完成问卷的样本总量是 1207 人。

本次抽样的总体来自韩国统计局 2010 年公布的全国人口和住房普查（Population and Housing Census）的数据，具体的抽样方法和程序如下：第一步，根据韩国境内最大的行政单位包括 1 个特别市（首尔）、1 个特别自治市（世宗）、6 个广域市（釜山、大邱、仁川、光州、大田、蔚山）和 8 个道（江原道、京畿道、忠清北道、忠清南道、全罗北道、全罗南道、庆尚北道、庆尚南道）在总人口中的比例决定各最高级行政单位的样本数量。第二步，通过随机抽取的方式确定以上各市/道内受访的次级行政单位如市/郡，然后再次使用随机抽取的方式进一步确定各市/郡内再次一级的受访行政单位如“面”/“邑”，最后，在每一个该层级的行政单位里选取6—15个家庭样本。在上述抽样过程中，所有的市场或者商业区地址没有纳入样本。最终，通过以上程序获得5233个抽样指标。调查员通过上门调查的方式对抽取的样本进行面对面访谈；如果调查员没有见到指定的调查对象时，如因为“家里没有人”或者“家里只有低于19岁的未成年人”时，她或他会在其他的时间重新拜访这个家庭。当被调查家庭拒绝调查时，调查员会停止调查。最终成功完成问卷1231份，回应率为23.52%（具体如表4－2所示）。

表4－2　　ABS3韩国抽取样本的完成情况

	已完成	拒绝	无人在家	上门后发现不是调研对象	抽取总样本数
样本	1231	1374	1771	857	5233
比例	23.52%	26.25%	33.84%	16.38%	100.00%

资料来源：第三轮亚洲民主动态调查（http://www.asianbarometer.org/data/data-release）。

本次韩国样本的抽样误差率为±2.8%（95%置信水平）。非抽样误差在调查过程发生，难以计算。为了尽量减少非抽样误差，ABS通过现有的官方统计数据包括跟踪数据以及其他全国性调查结果，对调查对象的人口特征进行确认。另外，为了保证回应率，调查一般选择在周末进行，调查员发现调查对象不在家时，会选择其他时间段回访。但是，本次抽样的回应率只有23.52%，会导致明显的非抽样误差；作为补救，ABS采用了加权策略，通过对年龄和性别两个变量对现有数据进行加权处理，最终数据中的两项变量与2010年韩国人口普查数据保持一致。表4－3列出男性和女性各个年龄段的加权处理值。

表 4－3　ABS3 韩国受访对象中男性和女性各个年龄段的加权处理值

年龄 性别	19～29	30～39	40～49	50～59	60 & 以上
男性	122/120	126/106	133/138	105/118	105/123
女性	112/80	125/124	132/170	107/138	140/90

资料来源：第三轮亚洲民主动态调查（http：//www. asianbarometer. org/data/data-release）。

由于其他国家和地区的抽样和样本代表性检测采取类似的方法进行，本节就不再赘述。

第二节　变量的定义与测量

一　因变量

本次研究的因变量有两个：中国影响力的大小和中国影响力的正面性，这两个变量的测量方法如表 4－4 所示，括号内是该变量在 ABS3 问卷中的题号，这两个变量从递进的层次反映了各国民众对中国影响力的评价。

表 4－4　　因变量的测量方法

因变量	变量符号	调查问题	测量量表	均值
中国影响力大小（Q160）	*Influence_extent*	您认为中国对贵国的影响大吗?①	1＝没有影响，2＝没有很大的影响，3＝有些影响，4＝有非常大的影响。	3. 21
中国影响力的正面性（Q161）	*influence_positivity*	大体而言，您认为中国对贵国的影响如何?	1＝非常负面，2＝负面，3＝有点负面，4＝有点正面，5＝正面，6＝非常正面。	3. 82

① 该问卷没有直接问受访者对于中国经济影响力的大小，但是我们发现这道题的结果与宏观层面的经贸依存度之间显著相关，且下文的多层回归模型中我们加入其他宏观变量以控制非经济因素所导致的影响。

以上两个变量在各国的测量结果如表 4－5 所示。

表 4－5　因变量的测量结果（按中国影响力正面性均值的降序排列）

国家	均值	
	中国影响力大小	中国影响力的正面性
柬埔寨	3.14	4.48
印度尼西亚	2.90	4.29
菲律宾	3.28	4.28
马来西亚	3.15	4.16
新加坡	3.30	4.11
泰国	2.99	3.92
韩国	3.32	3.48
蒙古	3.27	3.14
日本	3.40	3.05
所有	3.21	3.82

资料来源：第三轮亚洲民主动态调查（http://www.asianbarometer.org/data/data-release）。

二　自变量和控制变量

以下分别介绍个体与国家两个层次的自变量和控制变量，以及它们的测量问题、量表和均值。括号内是该变量在 ABS3 问卷中的题号。个体层次的变量如表 4－6 所示，主要包括性别、年龄、教育水平、社会地位、收入水平、居住地类型、国际时事关注度、互联网使用频率、经济全球化支持度和宗教参与。

表 4－6　个体层次的自变量

变量	变量符号	调查问题	测量量表	均值
性别（QSE2）	*gender*	您的性别？	0＝女，1＝男。	0.49①
年龄（QSE3）	*age*	您出生在哪一年？	根据出生年计算年龄。	44.40

① 这里采用均值来显示男女比例，即女性占 49% 而男性占 51%。

续表

变量	变量符号	调查问题	测量量表	均值
教育水平（QSE5）	*education*	您的最高教育水平？	1 = 小学及以下，2 = 中学，3 = 大学，4 = 研究生。	1.93
社会地位（QSE12）	*social-status*	如何评价您所在家庭的社会地位？	1～10 代表由低到高的十个层次。	5.39
收入水平（QSE15）	*income*	如何评价您的家庭收入水平？	1～5 代表由低到高的五个层次。	2.56
居住地类型（IR13）	*residence-type*	您目前居住的地方属于以下哪种类型？	1～4 代表“农村”～“百万人以上的大城市”。	2.45
国际时事关注度（Q149）	*foreign-news*	您会关注与国际时事相关的新闻吗？	1～5 代表由“从不关注”～“每天都关注”。	3.24
互联网使用频率（Q45）	*web-touch*	您使用互联网的频率有多高？	1～6 代表“从不”～“几乎每天”。	2.80
经济全球化支持度（Q152&153）	*globalization-support*	“我们应该减少进口外国的产品来保护我们的农民和工人”	1～4 代表“非常同意”～“非常不同意”。	4.04①
		“外国商品损害本地利益”	1～4 代表“非常同意”～“非常不同意”。	
宗教参与（SE7）	*religion-participation*	您多久参加一次宗教活动？	1～11 代表“无宗教信仰”～“一天数次”。	6.36

注：本书对以上 ABS 数据中所有回答“不知道”和其他缺失值做了删除处理。

在国家层次，我们关注受访者所在国家与中国的经贸及政治关系包括两国贸易关系、投资关系、贸易的前后向链接度、政府间关

① 该变量的测量采取将两题相加的办法，其取值范围是1—8。

系、历史恩怨、领土争端和人均接受中国官方援助；具体测量和赋值见表4－7。其中两国贸易的前后向链接度是本次研究的重点。我们从 UNCTAD-EORA GVC Database、中国外交部、IMF、UNCTAD 等数据库调取得相关数据，相关变量的编码方案以及来源如表4－7所示。

表4－7　　国家层次的自变量和控制变量

变　量	变量符号	变量含义及说明
贸易关系	*Trade*	指以上某一东亚国家或地区与中国的贸易额占该国家或地区该年度对外贸易总额的比重，取四年（问卷调查开展的年份+此前3年）数值的平均值。（资料来源：IMF Database；UNCTAD Statistics）
投资关系	*investment*	指中国对指以上某一东亚国家或地区的直接投资存量（FDI Instock）占该国外来投资总存量的比重，① 取四年（问卷调查开展的年份+此前3年）数值的平均值。（资料来源：IMF Database；UNCTAD Statistics）
政府间关系	*government-relation*	与中国政府的正式合作关系，1—5依次代表非伙伴关系、合作伙伴关系、全面合作伙伴关系、战略（合作）伙伴关系、全面战略（合作）伙伴关系。② 以上五种关系的友好密切程度逐级递增。（资料来源：中华人民共和国外交部）
领土争端	*territory-disputes*	调查期间是否与中国存在领土争端，0＝没有，1＝有

① 我们使用投资存量而不是投资流量（或者两者之和）是基于两个考虑：第一，存量对民众态度的影响比较明显；第二，中国对各国投资流量数据中存在负值（可能是由于中国撤资所引起的），会对数据造成干扰。

② 门洪华、刘笑阳：《中国伙伴关系战略评估与展望》，《世界经济与政治》2015年第2期。

续表

变　量	变量符号	变量含义及说明
历史恩怨	*History-rivalry*	判断中国与该国"是否存在历史恩怨"的标准是历史上双方在政府或民间层面是否出现战争或纠纷；我们通过两个维度相加进行赋值，数值越大代表历史问题越多。第一个维度是"恩怨的强度"，指中国与该国的历史恩怨是否涉及战争，是则为1，否则为0；第二个维度"恩怨的时间"，时间越近，对双方关系的后遗影响越明显。以1840年鸦片战争为界线，①在此之前赋值为0，反之则为1②
人均接受中国官方援助③	*ODA*	该变量用中国官方对该国的发展援助（ODA）金额除以该国人口总数，单位为美元/年·人；④考虑到援助的滞后效应，本书ODA金额取四年（问卷调查开展的年份+此前3年）的平均值，人口数量均取2010年的值。由于该值在这些国家中差异巨大，影响多层模型的准确性，我们采取分段赋值的办法，值域为1—6，数值越大，人均接受援助越大。[资料来源：China. AidData；The Population Reference Bureau（PRB）]
对中国前向链接关联度	*GVC-forward linkage*	指中国从某国进口中间产品的价值占中国出口总值的比重。取四年（问卷调查开展的年份+此前3年）数值的平均值。（资料来源：UNCTAD-EORA GVC Database）
对中国后向链接关联度	*GVC-backward linkage*	指某国从中国进口中间产品的价值在该国出口总值中的比重。取四年（问卷调查开展的年份+此前3年）数值的平均值。（资料来源：UNCTAD-EORA GVC Database）

资料来源：笔者根据UNCTAD-EORA GVC Database、中国外交部、IMF、UNCTAD等数据自制。

注：本书对以上ABS数据中所有回答"不知道"和其他缺失值做了删除处理。

---

① 采用这个时间点是考虑到大部分东亚国家都是在这个时间点之后才进入各自近现代历史。

② 两个维度相加的值域为0—2，由于0影响统计模型的准确性，我们将所有国家的分数统一加1，调整为1—3。

③ 由于援助主要作用于受援助的个体，为了更客观地考虑援助的作用，本书采用人均数值。

④ ODA这里采用经济合作与发展组织（OCED）的定义，是指"一国政府为发展中国家提供的，用于促进经济发展和人民福利的，且赠予成分不低于25%的赠款或贷款"。

三 调节变量

调节作用是社会科学研究中的重要方法论概念，它指的是第三变量（即调节变量）对自变量和因变量之间关系的方向或者强度产生系统性的影响。[①] 换句话说，当第三变量的强度发生改变，自变量和因变量之间的关系可能由正向变为负向（或者由负变为正），或者原本正向（负向）关系加强或者减弱。在本书中，我们假设经济受惠度/发展主义倾向的变化会改变自变量（“中国影响大小”）与因变量（“东亚周边国家民众对该影响的评价”）之间关系的方向：经济受惠度高/发展主义倾向强，两者呈正向关系；而经济受惠度低/发展主义倾向弱，两者为负向关系。这里说明两个调节变量的测量以及均值。

第一个调节变量是经济受惠度，由六道题目（ABSQ1—Q6）的分数加总而得。具体问题、赋值方法和均值如表 4－8 所示。这六道问题内部一致性系数 α 为“.770”，显示出相当高的信度，特别是考虑到 α 系数通常在数目比较少的时候会比较小的情况下。第二个调节变量是发展主义倾向，具体问题赋值方法和均值如表 4－8 所示。在后续的回归分析中我们将把它们作为连续变量处理。有关因变量“对中国影响的评价”和其他控制变量的介绍见前文部分。

---

① 有关调节效应方法的介绍，可以参考 Leona S. Aiken and Stephen G. West, *Multiple Regression: Testing and Interpreting Interactions*, Newbury Park, California: Sage, 1991；温忠麟、刘红云、侯杰泰：《调节效应和中介效应分析》，教育科学出版社 2012 年版，第 47 页。

表 4－8　　调节效应变量的测量方法

变量	调查问题	测量量表	均值
中国影响力大小①	您认为中国对贵国的影响程度如何？（ABS Q160）	1—4 表示“一点影响也没有—影响非常大”。	3.21
经济受惠感受度	您怎么评价贵国现在整体的经济状况？/您家庭的经济状况？（ABS Q1/Q4）	1—5 表示“非常差—非常好”。	2.75 /3.04
	您怎么描述贵国在过去的几年里经济状况的改变？/未来几年内，您觉得贵国的经济状况会怎么样？（ABS Q2/Q3）	1—5 表示“更差—更好”。	2.96 /3.43
	与几年前相比，您觉得现在您家庭的经济状况怎么样？/未来几年内，您觉得您家庭的经济状况会怎么样？（ABS Q5/Q6）	1—5 表示“更差—更好”。	3.10 /3.53
发展主义倾向	如果一定要您在民主发展和经济发展中选择一项，您认为哪一项最重要？②（ABS Q126）	1—5 表示“民主发展最重要—经济发展最重要”。	3.73

资料来源：笔者根据 ABS 第三轮调查数据自制。

注：本书删除了“不知道”和其他缺失值选项。

① 该问卷没有直接问受访者关于中国经济影响力的大小，但是我们发现这道题的结果与宏观层面的经贸依存度之间显著相关，且后续的调节作用模型中我们加入其他宏观变量以控制其他非经济因素所导致的影响（见表 4－7）。

② 该测量中同时涉及了对经济发展和民主的看法，可能存在潜在的测量误差。考虑到前文已经界定发展主义价值观为“强调经济发展优先与其他社会事务的判断”，且题目中要求对经济发展和政治民主进行重要性排序，虽然题目包含对民主认同度的看法，我们仍然使用这个问题来测量发展主义的强度。

第 五 章

分析和讨论

在本章中，我们将按照第四章所阐明的研究方法，以中国在东亚九国的影响力为案例分析并检验第三章的三个理论模型。本章分别两个部分：首先是对中国在东亚的影响力进行描述及量化分析，通过客观的数据将中国在东亚九国影响力的共性与区别呈现出来；在此基础上，我们加入上一章提出的几组自变量，依次检验由三个理论模型推导而得的六个假设。

第一节　中国在东亚的影响力分析

本书的第一章将影响力分为两个基本维度：大小和正面性。表5－1展示了东亚九国对中国影响力两个维度的评价。由于影响力大小的测量采用4分位量表（具体地说，1＝没有影响，2＝没有很大的影响，3＝有些影响，4＝有非常大的影响）；因此，当均值在3以上可以认为该国大多数民众认为中国的影响至少是比较大。从表5－1可以看出，除了印度尼西亚和泰国的均值分别为2.9和2.99以外，其他国家的均值均高于3。可以认为这些国家的大部分民众认为中国的影响力较大或者非常大；其中均值最高的是日本，达到3.4，其次是韩国和新加坡，分别达到3.32和3.30。

影响力的正面性评价采用6分位量表（1＝非常负面，2＝负面，3 = 有点负面，4 = 有点正面，5 = 正面，6 = 非常正面），均值为4以上可以认为一国民众大多数较为认可中国的影响。从表5－1可以看出，柬埔寨、印度尼西亚、菲律宾、马来西亚、新加坡5个国家的均值高于4，其中柬埔寨最高，说明这些国家中的多数民众较为认可中国的影响力；剩下的国家则相反，评价均值低于4.0，其中日本仅为3.05，其次是蒙古3.14。对于周边的东北亚日本、韩国和蒙古民众来说，尽管他们认为中国影响力非常大，但评价却相当负面。

表5－1　中国影响力评价（按中国影响力正面性均值的降序排列）

国家	均值	
	中国影响力大小	中国影响力的正面性
柬埔寨	3.14	4.48
印度尼西亚	2.90	4.29
菲律宾	3.28	4.28
马来西亚	3.15	4.16
新加坡	3.30	4.11
泰国	2.99	3.92
韩国	3.32	3.48
蒙古	3.27	3.14
日本	3.40	3.05
所有	3.21	3.82

资料来源：第三轮亚洲民主动态调查（http：//www.asianbarometer.org/data/data-release）。

第一章已经说明，根据影响力的两个维度，一国对外影响力可以分为四种不同的类型：A，认为该国影响重大且正面；B，认为该国的影响重大但负面；C，认为该国的影响小且负面；D，认为该国的影响小但正面。根据对大小和正面性的调查结果，通过建立上述两个维度的交叉表，我们可以看到在东亚九国民众中对中国影响力持这四种类型态度的分布。总体来说，认为中国的影响力为A类型的民众占据主要地位，大约有54%；认为中国的影响力为B类型的民众占据重要地位，大约有36%；而认为中国的影响力为C和D类型的则较为少见，两者相加也仅为10%左右（见表5—2）。

表5-2　中国影响力四个类型人口分布交叉表

中国影响力的大小	中国影响力的正面性	
	影响负面	影响正面
影响小	D581 4.5%	C 723 5.6%
影响大	B4645 36%	A 6966 54%

说明：表格数据由笔者根据第三轮亚洲民主动态调查（http://www.asianbarometer.org/data/data-release）计算所得。

具体到各国而言，中国的影响力在东南亚的6个国家：柬埔寨、印度尼西亚、菲律宾、马来西亚、新加坡、泰国，主要表现为A类影响力，特别是新加坡和菲律宾，超过70%的民众认为中国的影响力大且正面。而在东北亚的3个国家，中国的影响力主要表现为B类，特别是在日本和韩国，分别有超过70%和60%的民众认为中国的影响力虽然大但是负面。值得说明的是印度尼西亚、柬埔寨和马来西亚存在相当部分民众，在10%—15%之间，认为中国影响力为C类；这部分民众的可塑性比较强，随着中国与这些国家经济联系的不断深入，这部分民众有可能倾向于认可中国，从而扩大这些国家中认可中国影响力为A类的人口分布（见表5—3）。

表 5－3　　中国影响力的四种类型在各国的分布

国家	对中国影响力评价不同的国民比例			
	A（影响大/影响正面）	B（影响大/影响负面）	C（影响小/影响正面）	D（影响小/影响负面）
日本	22.38	71.82	1.03	4.77
韩国	45.85	46.71	2.68	4.76
蒙古	24.98	62.88	3.49	8.65
菲律宾	77.37	13.66	4.26	4.7
泰国	57.73	27.65	7.63	6.99
印度尼西亚	60.59	18.24	16.81	4.36
新加坡	71.47	22.11	4.21	2.21
柬埔寨	68.42	14.26	12.07	5.25
马来西亚	69.95	14.7	11.16	4.19

说明：表格数据由笔者根据第三轮亚洲民主动态调查（http://www.asianbarometer.org/data/data-release）计算所得。

第二节　对六个假设的检验分析

本书在第三章中提出以下六个假设（见图 5－1）。

假设一：东亚周边国家国民众对中国影响力大小的评价不存在国家间整体性差异（没有受到国家间整体性因素的影响）。

假设二：东亚周边国家民众对中国影响力大小的评价在同一国家内部不同社会群体之间存在显著差异。各国受国际经济联系（全球化）影响较多的专业中产阶级，即居住在较高层级的世界城市中，拥有较高教育程度，收入处于中等阶层，更加关心国际时事，更多地使用互联网，对全球化抱有更为开放的态度，较少参与宗教活动的人群，比其他社会阶层更倾向于认为中国对本国的影响力大。

假设三：东亚周边国家民众对中国影响力是否正面的评价存在

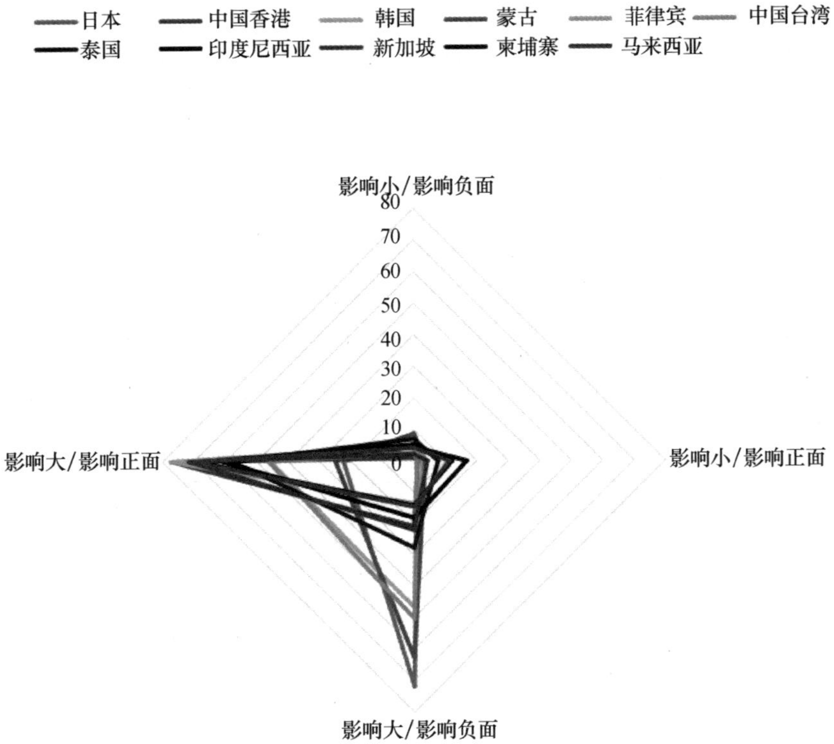

图 5－1　东亚各国民众对中国的态度分布

说明：图表数据由笔者根据第三轮亚洲民主动态调查（http：//www. asianbarometer. org/data/data-release）计算所得。

显著的国家间整体性差异。

假设四：对中国的前向链接度越高的东亚国家对中国影响力的评价更负面；而对中国的后向链接度越高的东亚国家对中国的影响力评价更正面。

假设五：经济受惠度调节中国经济活动影响大小与东亚周边国家民众对该影响正面性评价之间的关系。具体地说，在民众总体经济受惠度高的国家，中国的影响越大，民众对华评价越积极；相反，在民众总体经济受惠度低的国家，中国的影响越大，民众对华评价反而越消极。

假设六：发展主义倾向调节中国经济活动影响大小与东亚周边国家民众对该影响正面性评价之间的关系。具体地说，在发展主义倾向强的国家，中国的影响越大，民众对中国的评价越积极；相反，在发展主义倾向弱的国家，中国的影响越大，民众对中国的评价反而越消极。

以下将对上述假设分别进行验证。

一　中国影响力大小及正面性在东亚国家间整体性差异分析

由于假设一和假设三的分析验证过程类似，为了使得行文更为简洁，这里把二者一起进行分析。首先，为了验证假设一和假设三关于各国对中国影响力大小/正面性的评价不存在/存在国家整体性差异的假设，我们建立了如方程 1—1 至方程 1—4 所示的多层次截距模型（intercept model），也就是所谓的零模型（null model）。在该模型中，无论是个体层次（以下称为第 1 层）还是国家层次（以下称为第 2 层）的回归方程都不包含有任何自变量。它将结果变量的方差区分为组间方差和组内方差两个部分，根据这两部分方差成分，可以计算出两个因变量（影响力大小/正面性）的组内相关系数（intra-class correlation coefficience，ICC），也就是因变量的组间方差占总方差的比例，计算公式为 var（μ_i）/［var（μ_i）+ var（ε_i）］。根据 Cohen（1988）的研究结果，[①] 如果因变量的 ICC 大于 0.059，则说明该变量的组间差异（也就是不同国家之间的整体差异）显著存在，反之则不存在。

第 1 层模型：

方程 1—1：$influence\_extent_1 = \beta_{01} + \varepsilon_1$

方程 1—2：$influence\_positivity_2 = \beta_{02} + \varepsilon_2$

---

① Jacob Cohen, *Statistical Power Analysis for the Behavioral Sciences*, Mahwah, NJ: Erlbaum, 1988.

第2层模型：

方程1—3：$\beta_{01}=\gamma_{01}+\mu_1$

方程1—4：$\beta_{02}=\gamma_{02}+\mu_2$

零模型的回归结果如表5－4所示，数据表明，因变量“中国影响力大小评价”的ICC为0.049，小于Cohen提出的差异判定标准，说明各国国民对中国影响力大小的评价并不存在显著的组间差异，即该评价不受到国家间整体性因素影响，假设一得到证实。而对于另一个因变量“中国影响力正面性评价”而言，它的ICC则达到了0.175的水平，明显高于0.059的标准线。这说明在关于“中国对本国的影响是否正面”这个问题上，东亚各国国民的观点存在着整体性的显著差异，假设三得到证实。

表5－4　　　　零模型的回归结果

因变量	随机项方差	方差值	ICC
中国影响力大小评价（*influence_extent*）	var（ε_1）	0.464	0.049
	var（μ_1）	0.024	
中国影响力正面性评价（*influence_positivity*）	var（ε_2）	1.161	0.175
	var（μ_2）	0.246	

二　影响力大小与专业中产阶层

为了验证假设二：“东亚周边各国城市中受国际经济联系影响的专业中产阶级比其他社会群体更倾向于认为中国影响力大”，我们通过普通OLS回归分析中国影响力大小评价与社会群体的关系。第三章的理论部分已经说明该群体的几个基本社会特征：居住在层级较高的城市，教育程度较高，收入较高，拥有较明显的全球化特征包括更多地关心国际时事，使用互联网，支持经济全球化，但更少宗教参与。我们就以这些典型特征为自变量，对中国影响力大小评价为因变量，建立回归模型如以下方程2所示。

方程 2：$influence\_extent_i = \beta_0 + \beta_1 gender_i + \beta_2 age_i + \beta_3 education_i + \beta_4 social-status_i + \beta_5 income_i + \beta_6 residence-type_i + \beta_7 foreign-news_i + \beta_8 web-touch_i + \beta_9 globalization-support_i + \beta_{10} religion-participation_i + \varepsilon_i$

注：下标 i 表示一个特定的个体样本

表 5-5 报告了方程 2 的回归结果，在这里我们采用了嵌套型的分析方式，即在方程中依次加入不同的自变量，看各个自变量是否与因变量之间存在显著的相关性。回归结果表明，对中国影响力大小的评价与上述主要自变量之间均存在显著的相关性：居住在人口规模更大的城市、教育水平较高、收入水平较高、自评社会地位较低、更多地关心国际时事、使用互联网、更支持经济全球化，更少宗教参与的个体认为中国影响力较大；其中，自评社会地位较低说明在上述人群中，多数认为自己并非本国政治经济或者宗教精英，这进一步证明他们的中产阶级特征；因此，假设二得到证实。值得说明的是，在控制了居住地以后，支持经济全球化与影响力大小评价相关性消失，说明对全球化支持的态度与城乡差异紧密相关；另外，控制了居住地和全球化其他相关特征以后，收入水平与影响力大小评价的相关性逐渐消失，说明该群体对中国影响力大小的评价主要受到他们全球化特征所影响，收入只是附带特征（见表 5-5）。经常使用互联网这一特征提示着该阶层同时受到信息技术发展的密切影响，也印证有关全球化与通信技术发展之间的紧密关系。[①] 图 5-2 展示了所有回归系数的 95% 置信区间。

值得说明的是，用 OLS 方法拟合上述模型在方法上可能存在两方面的问题。首先，由于 OLS 要求因变量为连续变量，因此在上述

① Stephen P. Bradley, Jerry A. Hausman, Richard A. Nolan, *Globalization, technology, and competition: The Fusion of Computers and Telecommunications in the 1990s*, Boston: Harvard Business School Press, 1993.

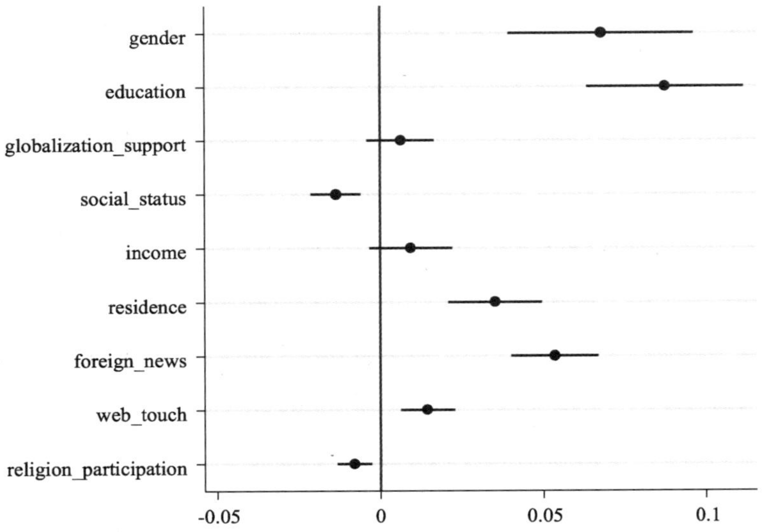

图 5-2 中国影响力大小回归系数的置信区间

的分析中，我们实际上是把本来离散的因变量当作连续变量处理，虽然这种处理方法在社会研究中已经获得共识，但其稳健性依然值得进一步检验。其次，在分析中我们发现，依据上模型得到的残差存在显著的异方差问题。也就是说，该模型中的误差项 ε 的方差并不是固定的，这种情况可能导致回归系数的估计值出现偏误，这也是一个需要处理的问题。基于以上分析，为了得到更加稳健的分析结果，我们采用稳健 ologit 模型回归方法对上述模型进行了重新拟合。该模型专门针对离散型的因变量，并考虑了异方差的问题，从而使分析结果更加可靠。在这一次的回归结果中（见本章最后一部分“稳健性测试结果”表 5-14），各变量回归系数的符号与显著性与上述 OLS 回归结果基本一致，说明表 5-5 的分析结果是稳健的。

表 5 – 5 **中国影响力大小评价的回归结果**

性别	0. 080 ***	0. 066 ***	0. 067 ***	0. 068 ***	0. 068 ***	0. 072 ***	0. 065 ***	0. 062 ***	0. 057 ***
	(0. 013)	(0. 013)	(0. 013)	(0. 014)	(0. 014)	(0. 014)	(0. 014)	(0. 014)	(0. 015)
年龄	0. 003 ***	0. 005 ***	0. 005 ***	0. 005 ***	0. 005 ***	0. 004 ***	0. 004 ***	0. 005 ***	0. 005 ***
	(0. 000)	(0. 000)	(0. 000)	(0. 000)	(0. 000)	(0. 000)	(0. 000)	(0. 000)	(0. 000)
教育水平		0. 171 ***	0. 164 ***	0. 172 ***	0. 163 ***	0. 143 ***	0. 125 ***	0. 098 ***	0. 103 ***
		(0. 009)	(0. 009)	(0. 009)	(0. 011)	(0. 011)	(0. 011)	(0. 012)	(0. 012)
经济全球化的			0. 011 **	0. 010 **	0. 009 *	0. 007	0. 007	0. 002	0. 002
支持度			(0. 005)	(0. 005)	(0. 005)	(0. 005)	(0. 005)	(0. 005)	(0. 005)
社会地位				–0. 014 ***	–0. 018 ***	–0. 016 ***	–0. 015 ***	–0. 017 ***	–0. 014 ***
				(0. 004)	(0. 004)	(0. 004)	(0. 004)	(0. 004)	(0. 004)
收入水平					0. 018 ***	0. 014 **	0. 014 **	0. 006	0. 006
					(0. 006)	(0. 006)	(0. 006)	(0. 006)	(0. 006)
居住地类型						0. 048 ***	0. 043 ***	0. 037 ***	0. 031 ***
						(0. 007)	(0. 007)	(0. 007)	(0. 007)
国际时事关注							0. 050 ***	0. 047 ***	0. 045 ***
							(0. 007)	(0. 007)	(0. 007)
互联网使用								0. 026 ***	0. 024 ***
								(0. 004)	(0. 004)
宗教参与									–0. 009 ***
									(0. 003)
截距项	3. 043 ***	2. 622 ***	2. 596 ***	2. 661 ***	2. 659 ***	2. 586 ***	2. 480 ***	2. 509 ***	2. 552 ***
	(0. 020)	(0. 030)	(0. 034)	(0. 038)	(0. 040)	(0. 041)	(0. 043)	(0. 044)	(0. 048)
样本数	10910	10，900	10563	10129	9482	9481	9453	9417	9057
拟合度（R^2）	0. 008	0. 040	0. 040	0. 042	0. 043	0. 048	0. 054	0. 057	0. 061

注：因变量是“中国对所在国影响大小的评价”， *** $p<0.01$， ** $p<0.05$， * $p<0.10$，括号内是回归系数的标准误差，下同。

那么，这些专业中产阶层在东亚各国中的分布是怎样的？第一，他们应该分布该地区的主要城市中；城市的等级越高，他们的人数越多。为了清晰地展示他们的位置，我们根据智库 GaWC（Globalization and World Cities Research Network）关于世界城市等级划分的最新研究成果绘制了图 5－3。该智库将城市划分为五个等级，主要以各城市在全球经济体系中的网络连通性（network connectivity）为依据。具体而言，是以某城市在会计、广告、银行和法律四大部门所发挥的“全球服务中心”（global service centers）作用为评价标准。① 从第一等级到第五等级，各城市在全球化产业与服务中的功能依次下降，所提供的全球化相关职位也依次降低。从图中可以看出东亚周边国家的首都和经济中心城市提供最多全球化相关职位，也是与全球化最为相关的专业中产阶层的聚集区。

第二，就人口数量及比重而言，东亚周边国家的专业中产阶级具有相当规模，且在越发达的国家，规模越大。表 5－6 是我们估算的东亚九国的专业中产阶级人口比重范围。由于没有统计数据直接估算城市专业中产阶级这一群体，我们通过同时锁定城市人口，受过高等教育、从事需专业工作的群体比重，对该群体在总人口中的比重进行估算。如表 5－6 所示，日本、韩国和新加坡等发达国家比重最高，泰国、马来西亚、蒙古居中，而柬埔寨、越南、印度尼西亚、菲律宾则最低。在印度尼西亚、越南和菲律宾，由于人口基数大，相关比例较低并不能说明他们的绝对规模小。

---

① 该研究对城市的划分是以某一城市在上述四大行业的跨国企业（或分公司）数量为评分依据，企业数量越多，城市的得分则越高，最后总分为 10—12 分的属于第一等级城市，7—9 分为第二等级城市，4—6 分则为第三等级城市。Jonathan V. Beaverstock, Peter J. Taylor and Richard G. Smith, “A Roster of World Cities,” *Cities*, Vol. 16, No. 6, 1999, pp. 445－458.

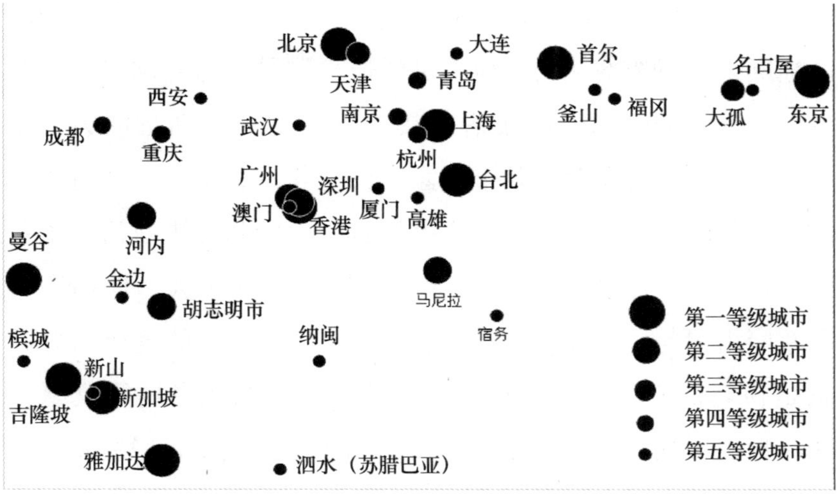

图5－3　东亚地区的世界城市体系

资料来源：笔者根据 GaWC2012 年数据自制。

表5－6　　东亚国家专业中产阶级占总人口比重（估计值）　　单位:%

国家	城市人口	从事专业工作*	受过高等教育
柬埔寨	19.81	10.65	1.15
印度尼西亚	49.92	16.33	3.39
日本	90.52	39.64	20.91
韩国	81.94	27.64	18.03
马来西亚	72.01	15.72	10.33
蒙古	67.57	11.04	9
菲律宾	48.65	—	12.53
新加坡	100	30.59	15.32
泰国	33.73	21.15	9.4
越南	30.39	18.28	—

注：表格数据由笔者根据中华人民共和国国家统计局（http://data.stats.gov.cn/index.htm）、联合国统计司（http://data.un.org/）等机构的原始数据计算所得，其中大部分数据为2010年的值，个别国家在2010年数据缺失的情况下，则取可用数据中最接近2010年的年份数据。

*本表格所指的“从事需要专业知识技能的人”主要包括经理、技术专家、行政人员等。需要强调的是，由于按职业分类的人口统计中，职业类型的划分较为泛化，可能出现个别国家被高估的情况。

这些专业中产阶级，由于能够接触较多其他国家信息，同时具有较强网络信息传播能力，他们是塑造本国民众对外国态度的核心人群。另外，他们在国内政治中具有重要的社会动员能力；在韩国、泰国、印度尼西亚这几个国家的民主化进程中，中产阶级积极利用自身的政治动员能力，成为挑战威权政府和促进政治民主化的主要力量。① 20 世纪 90 年代以来，随着规模的扩大，他们通过成立非政府组织与开展社会运动，成为影响政府决策的重要的力量，②特别是在与他们利益密切相关的全球化和市场化发展等议题上。③在新一轮的“反全球化”的浪潮中，由于全球化受害者主要是发达国家中的受教育程度较低的中下阶层④，而发达和发展中国家中的专业中产阶级是受益阶层，所以后者倾向于支持全球化。考虑到后者同时认为中国影响大，因此，在周边国家中，他们应该比本国其他社会群体更倾向于接受中国推进全球化的相关倡议。

三　影响力正面性与全球价值链地位

前面已经验证了假设三关于东亚各国对中国影响力正面性评价存在国家整体性差异的假设。为了验证假设四：对中国的前向链接度越高的国家民众更倾向于负面评价中国的影响力；而对中国的后向链接度越高的国家民众更倾向于正面评价中国的影响力，我们建

---

① David Martin Jones, “Democratization, Civil Society and Illiberal Middle Class Culture in Pacific Asia,” *Comparative Politics*, Vol. 30, No. 2, 1998, pp. 147 – 169.

② 杨鲁慧：《中产阶级的崛起与东亚的政治转型》，《当代亚太》2006 年第 1 期；李路曲：《东亚的中产阶级、市民社会与政治转型》，《当代亚太》2000 年第 11 期。

③ 比如在 20 世纪 90 年代中后期在东亚地区兴起的“反全球化”浪潮中，专业中产阶级是主导力量之一，当时由于全球化促进了下层阶级的向上流动，中产阶级将其视为自身经济安全的威胁。见 Graham Carol, “Winners and Losers: Perspectives on Globalization from the Emerging Market Economies,” *The Brookings Review*, Vol. 19, No. 4, 2001, pp. 22 – 25。

④ 有关本轮全球化的受益者和受害者的讨论，请参考 Eelco Harteveld, “Winning the ‘Losers’ but Losing the ‘Winners’? The Electoral Consequences of the Radical Right Moving to the Economic Left,” *Electoral Studies*, Vol. 44, 2016, pp. 225 – 234。

立一个解释“对中国影响的正面性评价”的多层线性模型。该模型以民众对中国影响力的正面性评价为因变量，分析了各国“对中国的前向/后向链接度”与该变量之间的相关性。为了控制其他因素对因变量的影响，在回归方程中，我们还加入了国家和个体两个层次的控制变量，如国家层次的双边贸易、政府间关系和领土争端以及个体层次的教育、收入和其他全球化特征等。两个层次的回归模型如方程 3—1 及方程 3—2 所示。其中，方程 3—2 的截距项代表了国家之间的整体差异。

第 1 层模型（个体层次）：

方程 3—1：$influence\_positivity_i = \beta_0 + \beta_1 gender_i + \beta_2 age_i + \beta_3 education_i + \beta_4 social - status_i + \beta_5 income_i + \beta_6 residence - type_i + \beta_7 foreign - news_i + \beta_8 web - touch_i + \beta_9 globalization - support_i + \beta_{10} religion - participation_i + \varepsilon_i$

第 2 层模型（国家层次）：

方程 3—2：

$\beta_0 = \gamma_0 + \gamma_1 trade_j + \gamma_2 government - relation_j + \gamma_3\ territory - disputes_j + \gamma_4\ GVC - forward\ linkage_j + \gamma_5\ GVC - backward\ linkage_j + \mu$

注：下标 i 表示特定的个体样本，j 表示样本所在的国家。

表 5－7 报告了方程 3—1 和方程 3—2 的回归结果，结果表明个体对中国影响正面性的评价的确与所在国家对中国的前向链接度存在显著负相关（$\beta = -0.148$，$p < 0.01$），而与后向链接度呈显著正相关（$\beta = 0.099$，$p < 0.01$），因此，假设四得到证实。在微观因素方面，除了社会地位、宗教参与度、经济全球化支持度和居住地类型与正面性评价存在相关性，其他因素相关性均不显著，如教育、收入、互联网使用以及国际时事关注度等。这说明在评价影响力的正面性方面，各国内部社会群体的特征因素并不明显。虽然上一小节的研究证实各国的专业中产阶级比其他社会群体更倾向于认

为中国的影响大，他们在评价中国影响力的正面性方面与其他群体没有显著差异。

上述回归采用的是基于最大似然法（maximum likelihood，ML）的模型拟合方案，这种分析方法的问题在于，当第二层次——也就是国家层次——的样本数量较少（一般小于30）时，得到的估计结果特别是标准误差的估计结果可能存在一定的偏误。因此，为了验证上述回归结果的稳健性，我们用限制性最大似然法（restricted maximum likelihood，REML）对上述模型进行了重新估计，相对于普通的最大似然回归，这种方法分两步分别估计固定效应和方差分量（其中估计方差分量差异与计算样本方差类似），[①] 因而能够更好地保证第二层样本数目较少情况下回归结果的无偏性。结果表明（见本章最后一部分“稳健性测试结果”表5－15），用这种方法估计的变量系数在符号及回归显著性方面均与原模型保持一致，说明我们的回归结果是稳健的。

表5－7　　中国影响力正面性多层模型分析结果

	中国影响力正面性评价
个体层次变量	
性别	0.020
	(0.024)
年龄	0.001
	(0.001)
教育水平	0.025
	(0.021)
社会地位	0.022**
	(0.007)

① Raudenbush, Stephen W., and Anthony S. Bryk, *Hierarchical Linear Models: Applications and Data Analysis Methods*, Sage, 2002, p. 53.

续表

	中国影响力正面性评价
收入水平	−0.015
	(0.011)
居住地类型	0.034**
	(0.012)
国际时事关注	−0.005
	(0.011)
互联网使用	0.002
	(0.008)
经济全球化支持度	0.017*
	(0.007)
宗教参与	0.021***
	(0.005)
国家层次变量	
贸易关系	−0.039***
	(0.002)
政府间关系	0.013
	(0.016)
领土争端	0.681***
	(0.079)
对中国前向链接关联度	−0.148***
	(0.009)
对中国后向链接关联度	0.099***
	(0.013)
截距项	3.319***
	(0.137)
var (μ)	4.73e−17
var (ε)	1.178
样本数	8833
国家数	9

注：*** $p<0.01$，** $p<0.05$，* $p<0.10$。

中国参与全球化的主要方式是积极加入全球化在东亚的生产分工体系。该体系包含在价值链中处于不同位置的国家,[①] 各国在要素禀赋和发展程度上的差异性导致中国与它们在价值链中的关系也有所不同，可以大致分为两种情况：（1）在部分产业的价值链中，中国主要作为加工组装生产基地，进口上游国家如日本和韩国提供的技术含量较高的中间投入品，进行组装并直接出口最终消费品;[②]（2）在某些产业的价值链中，中国作为具有一定技术的加工基地，将从上游国家进口的中间产品进行加工后出口到下游国家如柬埔寨和越南等进行最后的组装（有关东亚国家对中国的前后向链接，见表5－8）。无论在哪一种情况下，对我国前向链接度高的上游国家在相互依赖中占有较强的优势，对中国的影响力正面性评价不高。而在第二种情况下，对我们的后向链接度高的下游国家，它们从事技术含量更低的劳动密集型产业，更倾向于认可中国的加工技术以及世界工厂的地位，因此对中国的正面性评价更高。目前，随着中国劳动力成本的提高，第二种情况在迅速增加。从1995年至2011年（见图5－4），中国在全球价值链前向链接度逐渐呈上升趋势，后向链接度则缓慢下降。[③] 现有研究显示虽然中国目前许多产业技术达不到世界前沿水平，但是出现了较多包容性的创新（inclusive innovation），即在较低的成本下具有较高性价比的创新。[④] 这已经成为中国相对于上游发达国家的比较优势。不过，总体来说，中国

① Mitsuyo Ando and Fukinari Kimura, "The Formation of International Production and Distribution Networks in East Asia," NBER Working Paper, No. 10167, 2003, p. 3.

② 张捷：《东亚国际分工体系的演变与中国的政策选择》，《当代亚太》2005年第8期。

③ 樊茂清、黄薇：《基于全球价值链分解的中国贸易产业结构演进研究》，《世界经济》2014年第2期。

④ 有关包容性创新的概念，可以参阅：Joanna Chataway, Rebecca Hanlin and Raphael Kaplinsky, "Inclusive Innovation: An Architecture for Policy Development," *Innovation and Development*, Vol. 4, No. 1, 2014, pp. 33－54; Gerard George, Anita M. McGahan and JaideepPrabhu, "Innovation for Inclusive Growth: Towards a Theoretical Framework and a Research Agenda," *Journal of Management Studies*, Vol. 49, No. 4, 2012, pp. 661－683。

在价值链中的地位仍然较低，这成为阻碍其他国家，特别是价值链上游国家对中国影响力正面性评价的重要因素。

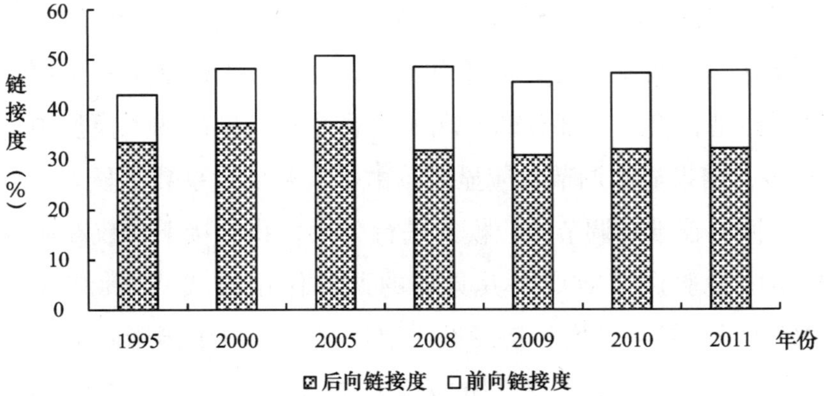

图 5-4　中国参与全球价值链的前、后向链接度

资料来源：OECD. Trade in Value Added（TiVA） - October 2015。

表 5-8　东亚国家对中国的前、后向链接度*

国家	前向链接度	后向链接度	总链接度
日本	0.0907	0.0837	0.1744
韩国	0.0875	0.1246	0.2121
新加坡	0.0214	0.0757	0.0971
马来西亚	0.0172	0.0569	0.0741
印度尼西亚	0.0112	0.0457	0.0570
泰国	0.0111	0.0879	0.0989
菲律宾	0.0050	0.0343	0.0393
蒙古	0.0004	0.1506	0.1511
柬埔寨	0.0001	0.1376	0.1377

资料来源：UNCTAD-EORA GVC Database。

*从原数据看，各国对中国的前、后向链接度在 2007 年至 2010 年期间的变化幅度较小，本表数据均取 2007 年至 2010 年四年数据的平均值。

四 经济受惠度与发展主义的调节作用

为了验证假设五，我们以“中国影响力大小”为自变量，“经济发展受惠度”为调节变量，“对中国影响正面性评价”为因变量，建立一个调节作用模型（事实上，我们首先建立了一个调节效应多层模型，将第二部分的宏观和微观控制变量都纳入模型中，见表5－9；结果显示调节效应显著。由于宏观变量系数不显著，且应用多层模型较难对调节效应模式进行分析，我们接下来仅在微观变量模型中检验调节效应及其具体的调节作用模式），其结果如表5－10所示。结果证实经济发展受惠度显著调节中国影响力大小和对中国影响正面性评价之间的关系。模型1纳入被试的性别、年龄、受教育程度和收入，作为研究的控制变量。模型2将中国影响力大小和经济发展受惠度纳入回归模型，结果显示，中国影响力大小（$\beta = 0.076$，$p < 0.01$）和经济发展受惠度（$\beta = 0.198$，$p < 0.01$）均与对中国影响正面性评价存在显著正相关。模型3检验经济发展受惠度是否对中国影响力大小和对中国正面性影响评价之间关系产生调节作用，把中国影响力大小和经济发展受惠度的交互项（中国影响力大小经济发展受惠度）纳入模型中，结果显示，该交互项（$\beta = 0.328$，$p < 0.01$）对中国影响正面性评价有显著的影响，表明经济发展受惠度对中国影响力大小和对中国影响正面性评价之间关系的调节作用显著。

表5－9　　调节效应多层模型分析结果

	模型1 调节变量：经济受惠度	模型2 调节变量：发展主义倾向
国家变量		
政府关系	0.050	0.058
	(0.040)	(0.037)

续表

	模型 1 调节变量：经济受惠度	模型 2 调节变量：发展主义倾向
历史恩怨	-0.088	-0.119
	(0.135)	(0.126)
官方援助 ODA	0.038	0.019
	(0.062)	(0.058)
领域争端	0.255	0.217
	(0.132)	(0.123)
贸易关系	-0.048	-0.050
	(0.029)	(0.027)
投资关系	0.025	0.026
	(0.021)	(0.019)
个体变量		
性别	0.005	0.002
	(0.018)	(0.018)
年龄	0.001 *	0.001
	(0.001)	(0.001)
教育水平	0.020	0.013
	(0.015)	(0.015)
社会地位	0.011 *	0.018 **
	(0.005)	(0.005)
经济地位	-0.009	-0.003
	(0.008)	(0.008)
中国影响力大小	-0.088	0.021
	(0.045)	(0.026)
调节变量	-0.129 *	-0.082 *
	(0.050)	(0.042)
交互效应		
中国影响力大小×调节变量	0.271 **	0.150 **
	(0.065)	(0.047)
截距项	0.090	0.203
	(0.307)	(0.287)

续表

	模型 1 调节变量：经济受惠度	模型 2 调节变量：发展主义倾向
var（μ）	0.019	0.016
var（ε）	0.714	0.725
样本数	8580	9245
国家数	9	9

资料来源：笔者根据 ABS 第三轮调查、中国外交部、IMF、UNCTAD 等数据自制。

注：因变量为对中国影响正面性评价，括号里为标准差，* p <0.05，** p < 0.01。

表 5－10　经济发展受惠度对中国影响力大小——对中国影响评价分层回归分析结果

变量	模型 1	模型 2	模型 3
性别	0.037 *	0.029 *	0.029 *
年龄	－0.145 **	－0.092 **	－0.090 **
教育水平	－0.135 **	－0.115 **	－0.115 **
社会地位	0.089 **	0.051 **	0.051 **
经济状况	－0.050 **	－0.055 **	－0.053 **
中国影响力大小		0.076 **	－0.168 *
经济发展受惠度		0.198 **	－0.045
中国影响力大小经济发展受惠度			0.328 **
	0.041	0.079	0.081
Δ	0.041 **	0.037 **	0.003 **

资料来源：笔者根据 ABS 第三轮调查数据自制。

注：因变量为对中国影响评价。表中报告的均为标准化的系数：* p <0.05，** p < 0.01。

为了检验该调节作用的模式，我们进行简单斜率分析（simple slopes analysis）。[①] 如图 5－5 所示，在经济发展受惠度较低时，认

① Leona S. Aiken and Stephen G. West, *Multiple regression: Testing and Interpreting Interactions*, 1991.

为中国的影响越大的人对中国的看法越消极（simple slope = -0.506，$p<0.05$）；而在经济发展受惠度较高时，认为中国的影响越大的人对中国的看法越积极（simple slope = 0.182，$p<0.05$），因此，假设五得到证实。另外，从斜率的绝对值比较可以看出，经济发展受惠度较低时所产生的调节作用非常明显，高于经济发展受惠度较高时的调节作用。这就意味着在经济发展受惠度较低的国家，民众对中国的态度更容易变得负面。

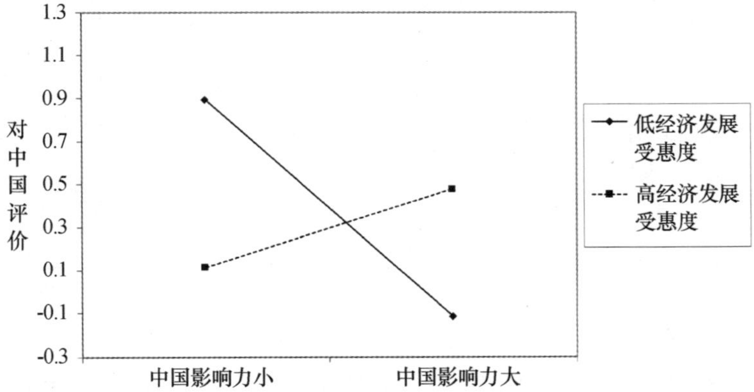

图5-5　经济发展受惠度对中国影响力大小——对中国影响评价的调节作用

资料来源：笔者根据ABS第三轮调查数据自制。

为了验证假设六是否成立，我们建立第二个调节作用模型；其结果如表5-11所示，发展主义倾向显著调节中国影响力大小和对中国影响正面性评价之间的关系。模型1纳入被试的性别、年龄、受教育程度和收入作为控制变量。模型2进一步纳入中国影响力大小和发展主义倾向，并进行回归，结果显示，中国影响力大小（$\beta=0.071$，$p<0.01$）和发展主义倾向（$\beta=0.098$，$p<0.01$）与对中国影响评价存在显著的正相关。模型3检验了发展主义倾向对中国影响力大小和对中国评价的关系的调节作用，把中国影响力大小和发展主义倾向的交互项（中国影响力大小与发展主义倾向）纳

入模型中，结果显示，该交互项（$\beta = 0.164$，$p < 0.05$）对中国影响正面性评价有显著的影响，表明发展主义倾向对中国影响力大小和对中国影响正面性评价的关系的调节作用显著。

表 5 - 11 发展主义倾向对中国影响力大小——对中国影响评价分层回归分析结果

变量	模型 1	模型 2	模型 3
性别	0.034*	0.034*	0.034*
年龄	-0.139**	-0.142**	-0.141**
教育水平	-0.137**	-0.140**	-0.139**
社会地位	0.089**	0.091**	0.091**
经济状况	-0.045**	-0.045**	-0.045**
中国影响力大小		0.071**	-0.011
发展主义倾向		0.098**	-0.044
中国影响力大小发展主义倾向			0.164*
	0.039	0.054	0.054
Δ	0.039**	0.014**	0.001**

资料来源：笔者根据 ABS 第三轮调查数据自制。

注：因变量为对中国影响评价。表中报告的均为标准化的系数：*p < 0.05，**p < 0.01。

为了检验该调节作用的模式，我们进行简单斜率分析。如图 5 - 6 所示，在发展主义倾向较低时，认为中国的影响力越大的人就会对中国影响评价越消极（simple slope = -0.166，$p < 0.05$），减弱作用显著；而在发展主义倾向较高时，认为中国的影响力越大的人对中国影响评价越积极（simple slope = 0.144，$p < 0.05$），提升效应显著。上述结果证明假设二成立，而且两者斜率的绝对值接近，说明发展主义倾向的调节作用强度在该变量较高和较低时的基本相当，但是方向相反。

在验证经济受惠度和发展主义的调节作用基础上，我们将进一步分析这两项指标如何影响东亚国家对中国的正面性评价。因此，我们还需要知道哪些国家民众感知的经济受惠度高？哪些国家民众发展主义倾

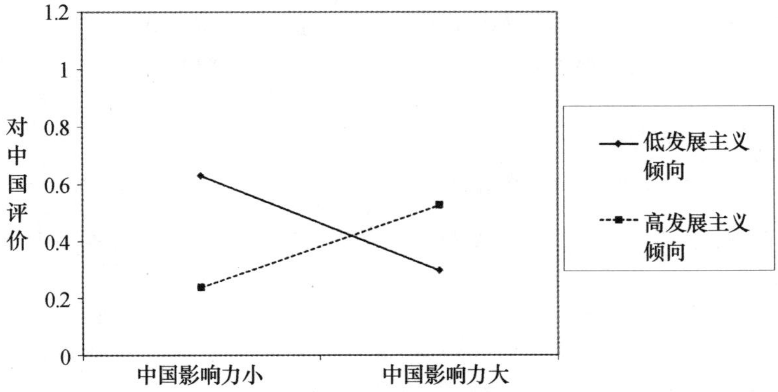

图5-6　发展主义倾向对中国影响力大小——对中国影响评价关系的调节作用

资料来源：笔者根据ABS第三轮调查数据自制。

向强？为了简化分析，我们根据东亚九个国家的经济受惠度和发展主义倾向均值，采用聚类分析（K—均值）的方法将它们分为差异显著的几个组，如表5-12和表5—13所示。[①] 就经济受惠度而言，结果显示这九个国家可以分为高中低三组（见表5-12）；新加坡和马来西亚最高，日本和韩国最低，其他处于中间。在发展主义倾向上，结果将所有国家分为四类：印度尼西亚最强；菲律宾和马来西亚强；新加坡、柬埔寨、蒙古、韩国和泰国较弱；日本最低（见表5-13）。

表5-12　经济受惠感受度在东亚周边国家聚类分析结果

类型	国家（均值）
高	马来西亚（21.95）、新加坡（21.08）
中	柬埔寨（20.41）、印度尼西亚（19.74）、泰国（19.47）、菲律宾（19.37）、蒙古（19.21）
低	韩国（16.23）、日本（14.97）

资料来源：笔者根据ABS第三轮调查数据自制。

注：方差分析结果表明各组均值之间有显著差异（$p<0.001$）。

① 选择K—均值的方式主要是因为其聚类效果较其他方式更好，并可以根据需要预先指定K值。

表 5 - 13　　发展主义价值观在东亚周边国家聚类分析结果

类型	国家（均值）
极强	印度尼西亚（4.26）
强	马来西亚（3.99）、菲律宾（3.90）
较弱	新加坡（3.78）、柬埔寨（3.7）、蒙古（3.63）、韩国（3.6）、泰国（3.54）
极弱	日本（3.3）

资料来源：笔者根据 ABS 第三轮调查数据自制。

注：方差分析结果表明各组均值之间有显著差异（$p<0.001$）。

前文已经略提及，东亚九国与中国经济的依存度和其民众对中国评价呈现显著负相关（详细的验证过程见本章最后一部分）；这些国家可分为两个差异明显的组别：第一组是东北亚的日本、韩国和蒙古，与中国的经济依存度很高，但是民众对中国的态度比较负面；第二组是东南亚的菲律宾、柬埔寨、印度尼西亚、马来西亚、新加坡和泰国，虽与中国经济依存度稍低，但是民众评价比较正面（泰国国民的评价“一般”）。以下将结合相关指标的调节作用来说明这两个组别的差异。

第一，对于日本、韩国和蒙古的民众来说，他们在经济发展受惠度指标上比较低（见表 5 - 12），特别是日韩两国，显著地低于其他国家；且它们在发展主义倾向指标上也较弱（见表 5 - 13），日本的发展主义倾向极弱，而韩国和蒙古较弱。由于这两个变量在较低的情况下，会反向调节中国影响大小和对中国影响评价之间的关系，特别是低经济发展受惠度的反向调节作用非常显著，这就可以部分解释为什么虽然中国与这三国的经贸依存度很高，其民众也认为中国对该国影响力很大（日本、韩国和蒙古民众中，认为中国对其“有影响”和“有很大影响”的比重占总人数的 94.1%，

92.1%和87.5%，在这九个国家中排名第一，第二和第四[①]），而他们对中国影响的评价比其他国家要负面得多。

为什么这几个国家的经济受惠度和发展主义倾向比较弱呢？经济受惠度高低与所在国家的经济发展速度紧密相关，如果一国的经济发展速度快，其民众更容易感受到经济增长和物质财富增加。而且，经济发展速度与社会发展阶段紧密相关。

日本进入后现代化阶段已经有相当长的一段时间，而韩国也基本完成现代化，迈入后现代化，两国的经济增长放缓甚至停滞（日本）。因此，民众经济发展受惠度的感受较弱甚至很弱。由于中国经济对他们的影响更多是在增量上，换句话说，两国民众清楚中国经济发展迅速而且带来巨大的影响，但是两国自身经济发展减缓很难让两国民众对中国在两国经济发展中的作用产生积极认可，尽管中国的作用有可能是有益的。另外，由于日韩两国人均国民收入水平很高，日本和韩国的人均国民生产总值（ABS3调查年份）分别是46230美元和24156美元，[②]社会主导思潮更趋于后物质主义而发展主义较弱，特别是经历较长时间物质富足的日本社会。发展主义倾向弱的人，大多认为经济发展不是个人和社会最重要的目标，而更加愿意追求政治民主和社会平等。考虑到两国自诩“西方式民主国家”，它们对于经济上崛起但是政治影响力仍然有限的中国容易产生负面评价，当中国影响力越大，会愈加抵制。

对于蒙古来说，人均国民生产总值（ABS3调查年份）仅为2650美元，处于现代化阶段，在2012年以前发展较快，但是该国民众的经济受惠度不高，在所有国家中，仅仅高于日韩。这可能是由于蒙古的经济发展主要体现在资源开采等少数领域，经济增长受

① ABS第三轮数据。

② 世界银行数据库，http://data.worldbank.org.cn/，检索日期：2016年8月11日。

益人群不是很广。另外，蒙古民众的发展主义思潮本应该较强，之所以较弱，可能与蒙古在20世纪90年代初期向西方式民主制度转型的特殊路径有关。具体说，由于民主化转型与经济自由化同时进行，蒙古民众将经济发展的期待与西方式民主政治转型挂钩，造成民众对民主政治与经济发展的价值重合，对于经济发展的热情部分被民主政治所吸收。[①]与日韩类似，该国民众对于西方式民主的热情也会影响他们评价中国。总之，由于受到经济发展受惠度和发展主义的反向调节作用，尽管该国经济在很大程度上依赖中国，但是蒙古民众对中国的评价比较负面。

第二，对于马来西亚、新加坡、印度尼西亚、菲律宾和柬埔寨这组国家的民众来说，他们的经济受惠度较高，特别是马来西亚和新加坡两国（见表5－12），这应该与这些国家在调查展开期间（2010—2012年）保持较高的经济增速有关。另外，这组国家的发展主义倾向较强，特别是印度尼西亚、马来西亚和菲律宾（见表5－13）。值得说明的是，尽管新加坡是世界上最发达的经济体之一，人均国民生产总值（ABS3调查年份）高达46570美元，但仍然比日本和韩国保持更强的发展主义倾向，这可能与新加坡威权主义政治体制的引导和宣传有关。[②] 事实上，马来西亚作为接近高收入水平的国家，人均国民生产总值（ABS3调查年份）达到10428美元，其强烈的发展主义倾向同样应该与其威权主义政体有一定关系。[③] 发

---

① 有关蒙古政治经济体制转型的论述，可以参阅 Richard Pomfret, "Transition and Democracy in Mongolia," *Europe-Asia Studies* Vol. 52, No. 1, 2000, pp. 149－160; Verena Fritz, "Mongolia: The Rise and Travails of a Deviant Democracy," *Democratization* Vol. 15, No. 4, 2008, pp. 766－788。

② 有关新加坡的威权主义政治体制的论述，可以参考 George Cherian, "Consolidating Authoritarian rule: Calibrated Coercion in Singapore," *The Pacific Review*, Vol. 20, No. 2, 2007, pp. 127－145。

③ 有关马来西亚的威权主义政治体制的论述，可以参考 Garry Rodan, *Transparency and Authoritarian Rule in Southeast Asia: Singapore and Malaysia*, London and New York: Routledge, 2004; Dan Slater, "Iron Cage in an Iron Fist: Authoritarian Institutions and the Personalization of Power in Malaysia," *Comparative Politics*, Vol. 36, No. 1, 2003, pp. 81－101。

展主义倾向也受到政治和宗教等多方面社会结构因素影响。

由于高经济受惠度提升了中国影响大小与对中国影响评价的正向关系，尽管这些国家与中国的经济依存度低于日、韩和蒙古，其民众对于中国日益增长的影响力的评价比日、韩和蒙古更加积极，特别是新、马两国。另外，在这几个国家中，由于多数人具有发展主义倾向，他们较为认可来自经济大国的中国对他们的影响；值得一提的是菲律宾和印度尼西亚虽然也是西方式民主国家，但是大多数国民具有强烈发展主义倾向，中国政治影响力有限的短板没有被放大。

另一个东南亚国家——泰国，虽然处于现代化阶段，但是国民的经济受惠度不高，且发展主义倾向显著较弱。在九个国家中其发展主义倾向仅仅高于日本，属于比较弱的类别，这可能与国内的宗教以及政治体制的摇摆与更迭有一定关系。[①] 与之相对应的是，尽管该国是中国的友好邻邦且经济依存度也较为紧密，但该国民众对中国的认可度也低于菲律宾、马来西亚、印度尼西亚和柬埔寨，仅高于日韩和蒙古。有学者认为泰国民众之所以对中国有负面评价是因为中国在当地的民间交流活动中存在一些不文明行为，[②] 而本书的结果从发展主义角度提供了另一种解释——由于民众对于来自中国的经济影响并不太积极，从而降低了他们对中国的总体评价。

---

① 有关泰国的政治体制的摇摆的论述，请参阅 Michael K. Connors, "Article of Faith: The Failure of Royal Liberalism in Thailand," *Journal of Contemporary Asia*, Vol. 38, No. 1, 2008, pp. 143 – 165; Pei-Hsiu Chen, "The Vulnerability of Thai Democracy: Coups d' etat and Political Changes in Modern Thailand," *Contemporary Socio-Cultural and Political Perspectives in Thailand*, Springer: Netherlands, 2014, pp. 185 – 207。

② 张锡镇：《中泰关系近况与泰国社会厌华情绪》，《东南亚研究》2016 年第 3 期。

第三节 实证检验附录部分

一 稳健性测试结果

表5-14 中国影响力大小评价回归结果的稳健性分析
（稳健 ologit 回归结果）

	中国影响力大小
性别	0.178***
	(0.041)
年龄	0.015***
	(0.001)
教育水平	0.285***
	(0.035)
经济全球化支持度	0.004
	(0.016)
社会地位	-0.042***
	(0.011)
收入水平	0.020
	(0.018)
居住地类型	0.090***
	(0.021)
国际时事关注	0.143***
	(0.020)
互联网使用	0.068***
	(0.012)
宗教参与	-0.026***
	(0.008)
分位点1	-2.232***
	(0.154)
分位点2	-0.100
	(0.137)

续表

	中国影响力大小
分位点 3	2.549***
	(0.140)
样本数	9057
拟合度（Pseudo R^2）	0.031

注：*** p<0.01，** p<0.05，* p<0.10。

表 5-15　中国影响力正面性的多层次回归模型（基于 REML 的分析结果）

	influence_ positivity
个体层次变量	
性别	0.023
	(0.024)
年龄	0.001
	(0.001)
教育水平	0.023
	(0.021)
社会地位	0.022***
	(0.007)
收入水平	-0.012
	(0.011)
居住地类型	0.026**
	(0.013)
国际时事关注	-0.007
	(0.011)
互联网使用	0.004
	(0.008)
经济全球化支持度	0.020**
	(0.009)
宗教参与	0.022***
	(0.005)

续表

	influence_ positivity
国家层次变量	
贸易关系	-0.040***
	(0.003)
政府间关系	0.012
	(0.026)
领土争端	0.682***
	(0.121)
对中国前向链接关联度	-0.147***
	(0.014)
对中国后向链接关联度	0.100***
	(0.019)
截距项	3.173***
	(0.158)
var（μ）	.003
var（ε）	1.180
样本数	8880
国家数	9

注：*** $p<0.01$，** $p<0.05$，* $p<0.10$。

二　贸易、投资关系与对中国的评价之间的关系检验

由于投资和贸易在经贸关系中具有明显差异且相关度不高，为了更清晰地展示经济依存度和民众对华评价之间的关系，本书建立了两个多层模型，分别以贸易和投资依存度为自变量，对华影响评价为因变量，并控制上述宏观和微观变量以排除干扰。具体结果见表5-16。模型1和2展示了微观和宏观控制变量与因变量（对华评价）之间的关系。模型1中表征对中国评价的组内相关系数（ICC）达到了0.173的水平（ICC）计算公式为 $var(\mu)/[var(\mu)+var(\varepsilon)]$，明显高于由雅各布·科恩（Jacob Cohen）提出的0.059差异

判定标准。[①] 这说明在关于"对中国评价"这个问题上，各国国民的观点存在显著的差异。模型3和模型4显示在控制上述宏观和微观层面的变量后，东亚周边国家对中国的贸易依赖度与其民众对中国影响的评价呈现显著负相关（$\beta = -0.018$，$p < 0.001$），投资依赖度与对华评价同样呈现显著负相关（$\beta = -0.011$，$p < 0.01$），即与中国经济关系愈紧密的国家，其民众对中国的评价愈负面。这个结果显然与国家之间经济合作促进民众友好关系的预期相反。而这种负相关关系显然对中国进一步加强与周边地区的经济合作是不利的。

表5-16　　对中国评价的多层模型分析

	模型1	模型2	模型3	模型4
个体变量				
性别	0.012	0.012	0.012	0.012
	(0.022)	(0.022)	(0.022)	(0.022)
年龄	0.002	0.002	0.001	0.002
	(0.001)	(0.001)	(0.001)	(0.001)
教育水平	0.028	0.029	0.031	0.031
	(0.0184)	(0.018)	(0.018)	(0.018)
社会地位	0.022***	0.021***	0.020**	0.020**
	(0.006)	(0.006)	(0.006)	(0.006)
经济地位	-0.001	-0.001	-0.002	-0.002
	(0.010)	(0.010)	(0.010)	(0.010)
国家变量				
政府关系	0.080	0.077*	0.078*	
	(0.054)	(0.033)	(0.039)	
历史恩怨		-0.513***	-0.325***	-0.406***
		(0.086)	(0.071)	(0.072)

① Jacob Cohen, *Statistical Power Analysis for the Behavioral Sciences*, Mahwah: Erlbaum, 1988.

续表

	模型 1	模型 2	模型 3	模型 4
官方援助 ODA		0.040 (0.058)	0.083 * (0.037)	0.100 * (0.047)
领土争端		0.345 * (0.152)	0.189 (0.101)	0.187 (0.123)
贸易关系			-0.018 *** (0.004)	
投资关系				-0.011 ** (0.004)
截距项	3.609 *** (0.177)	3.887 *** (0.252)	3.887 *** (0.164)	3.755 *** (0.194)
var（μ）	0.246	0.034	0.012	0.017
var（ε）	1.172	1.172	1.172	1.172
样本数	9499	9499	9499	9499
国家数	9	9	9	9

资料来源：笔者根据 ABS 第三轮调查、中国外交部、IMF、UNCTAD 等数据自制。

注：因变量为“对中国影响的评价”，$*p<0.05$，$**p<0.01$，$***p<0.001$。

第六章

国家对外影响力：理论创新及实践启示

一个国家与其他国家的经济联系如何影响该国的对外影响力？哪些因素影响两者之间的关系？影响方式是怎样的？为了回答这些问题，本书建立了三个理论模型，并以中国在东亚各国影响力的案例对这三个模型进行检验，得出了以下结论。

第一，对一国影响力大小的评价而言，由于经济联系特别是全球化所带来的跨国相互依赖阶层的出现，原有的国别间差异被国家内部社会阶层之间的差异所取代。实证研究结果表明，对中国影响力大小的评价在东亚周边国家之间不存在显著的国家间整体性差异，而各国受全球化影响的专业中产阶级，即居住在较高层级的世界城市中，拥有较高教育程度，收入处于中等阶层，拥有较为明显的全球化社会特征的人群，比其他社会群体更倾向于认为中国的影响力大。

第二，一国在全球价值链的地位成为他国民众对其影响正面性评价的关键。对中国前向链接度越高的国家民众更倾向于负面评价中国的影响力，而对中国后向链接度越高的国家民众则更倾向于正面评价中国的影响力。

第三，意识形态对经济联系与国家对外影响力产生调节作用。这里的意识形态是指经济发展受惠度和发展主义倾向。两个变量都存在双向调节作用，即在经济发展受惠度高和发展主义倾向强的民众眼中，中国对其的影响越大，他们对中国的评价越正面；而在经济发展受惠度低和发展主义倾向弱的民众看来，中国对其影响越大，他们对中国的评价就越负面。

前面章节提出的三个模型在理论上推进了国家对外影响力（软实力）、国际政治经济学中社会路径理论、东亚区域主义以及中国崛起与东亚区域秩序的关系等领域的研究；而在实践层面，相关结论则为中国推进对外经济辐射及公共外交提供一些重要启示。

第一节　理论创新

一　国家对外影响力

首先，本书发展了“国家对外影响力”这一概念。现有关于国家对外影响力的研究主要在软实力的理论框架下进行；但是，软实力概念与理论本身存在以下局限性：第一，概念模糊，特别是与硬实力之间难以厘清的关系；第二，难以实现精确的测量操作；第三，过分强调国家在对外影响中的作用，忽略社会与经济相互依赖的作用；第四，较难运用于霸权国（美国）以外的国家，尤其是发展中国家的分析等。上述局限同时降低了软实力相关理论在讨论国家对外经济影响中的解释力。

基于此，本书首先对国家对外影响力这一概念进行了清晰界定。在A、B两国之间的相互依赖关系的基础上，B国公众对于A国影响的大小以及性质的一种心理判断，以及由此所产生的接受A国影响的意愿，就是A国对B国的影响力。该定义清楚地指出国家对外影响力的施动者（A国）、受力对象（B国公众）、产生方式（国家间相互依赖）及实质内涵（民众的心理判断或者认知）。此外，在该定义之基础上，本书还提出了对国家对外影响力进行测量的方法，即从他国民众对本国的影响力大小及正面性评价两个维度进行测度。另外，本书同时对影响力的四种类型进行划分，并对其政策意义进行明确的分析与界定。

其次，在对中国对东亚各国影响力的分析上，本书突破了现有理论中将国家视为一个统一整体的基本模式，从社会阶层的角度说明经济联系改变一个国家社会内部不同阶层对另一个国家看法。换言之，我们引入了阶层视角研究不同国家对中国影响力大小的评价差异。这也为国家对外影响力的研究提供了一种新的视角，即除了国际结构和国家政治外，国内社会阶层也可以作为一种重要的角度。

最后，本书加深对中国对外影响力现状成因的解释。国家对外影响力本质是他国民众对本国的认知和态度，因此关注中国对东亚各国的影响力，事实上也是拓展海外公众对中国态度的研究。现有多数文献侧重于中国政府，[①] 以及她的行为如何影响海外公众对中国的评价，[②] 如中国的政治制度模式和价值观（“北京共识”），[③] 中

---

① 值得说明的是，约瑟夫·奈并没有说软实力仅仅来自于政府，他强调美国的公民社会也会对其他国家产生吸引力；但是，由于中国与西方国家的政治体制存在差异，国内外以中国为背景的软实力讨论往往特别突出中国政府的作用。

② Joshua Kurlantzick, *Charm Offensive: How China's Soft Power Is Transforming the World*, Yale University Press, 2007; Stefan Halper, *The Beijing Consensus: How China's Authoritarian Model Will Dominate the Twenty-First Century*, New York: Basic Books, 2010; Martin Jacques, *When China Rules the World: The Rise of the Middle Kingdom and the End of the Western World*, London: Allen Lane, 2009; Sheng Ding, "To Build a 'Harmonious World': China's Soft Power Wielding in the Global South," *Journal of Chinese Political Science*, Vol. 13, No. 2, 2008, pp. 193 – 213. 有关国内学者有关软实力研究，可以参考章一平《软实力的内涵与外延》，《现代国际关系》2006 年第 11 期；约瑟夫·奈、王缉思、赵明昊：《中国软实力的兴起及其对美国的影响》，《世界经济与政治》2009 年第 6 期；门洪华：《中国软实力评估报告》（上），《国际观察》2007 年第 2 期。

③ Joseph Cooper Ramo, *The Beijing Consensus*, London: The Foreign Policy Centre, May 2004; Stefan Halper, *The Beijing Consensus: How China's Authoritarian Model Will Dominate the Twenty-First Century*, New York: Basic Books, 2010; Minglu Chen and David S. Goodman, "The China model: one country, six authors," *Journal of Contemporary China*, Vol. 21, No. 73, 2012, pp. 169 – 185.

国的外交政策,[①] 以及政府主导的文化项目（如孔子学院等）[②]，较少涉及海外经济活动如何影响外国公众对于中国的态度。然而现实中，中国经济增长以及由此带来的与他国经济联系的增强已经成为外国公众对华认知和评价的重要来源。本书的发现可以解释一些依据已有研究中的诸多因素所无法解释的问题，比如：为什么在越南这种发展主义倾向强的国家，即使中越存在领土冲突和历史恩怨，中国在当地的软实力仍然强劲?[③] 为什么中国在非洲和大洋洲等处于现代化阶段的国家的投资，比较容易获得该地区公众的良好评价，但是，中国增加对欧洲和美国等后现代化阶段国家的投资，公众的评价则要负面得多?[④] 除了相关国家在意识形态上的差异以外，他们与中国在全球价值链中的地位差异也是重要的解释因素。

二　国际政治经济学中社会路径理论

分析国家间经济与社会领域的相互依赖，如何改变一国的公众

---

① Young Nam Cho and Jong Ho Jeong, "China'S Soft Power, Discussions, Resources, and Prospects," *Asian Survey*, Vol. 48, No. 3, 2008, pp. 453 –472.

② James F. Paradise, "China and International Harmony: The Role of Confucius Institutes in Bolstering Beijing's Soft Power," *Asian Survey*, Vol. 49, No. 4, 2009, pp. 647 –669; Falk Hartig, "Confucius Institutes and the Rise of China," *Journal of Chinese Political Science*, Vol. 17, No. 1, 2012, pp. 53 –76; Leung, chi-cheng and Hilary du Cros, "Impact of Confucius Institutes," *China: An International Journal*, Vol. 12, No. 2, 2014, pp. 66 –86.

③ Min-hua Huang and Yun-han Chu, The Sway of Geopolitics, Economic Interdependence and Cultural Identity: why are some Asians more favorable toward China's rise than others?, *Journal of Contemporary China*, Vol. 24, No. 93, 2015, pp. 421 –441; Bridget Welsh & Alex Chang, Choosing China: public perceptions of 'China as a model', *Journal of Contemporary China*, Vol. 24, No. 93, 2015, pp. 442 –456.

④ Barry Sautman and Yan Hairong, African Perspectives on China-Africa Links, *The China Quarterly*, No. 199, 2009, pp. 728 –759; Sautman, Barry and Yan Hairong, "Friends and Interests: China's Distinctive Links with Africa," *African Studies Review*, Vol. 50, No. 3, 2007, pp. 75 –114; Dilip K. Das, "China and the Asian Economies: Mutual Acceptance, Economic Interaction and Interactive Dynamics," *Journal of Contemporary China*, Vol. 22, No. 84, 2013, pp. 1089 –1105; D' Hooge, Ingrid, *The Limits of China's Soft Power in Europe: Beijing's Public Diplomacy Puzzle*, Clingendael: Netherlands Institute of International Relations, 2010.

对其他国家经济影响的评价是国际政治经济学研究的热点。现有理论主要集中在以社会为中心的研究路径。[①] 该路径在社会力量对国家政策变革的推动作用日益明显的当下，可以更好地解释当前国际政治经济体系的变迁。最近西方国家崛起的民粹主义思潮彰显了社会力量的重要性。[②] 英国公投“脱欧”成功，美国特朗普执政，欧洲主要国家右翼政党的兴起，以及他们所采取的“反全球化”政策包括退出欧盟和跨太平洋伙伴关系协定（TPP）等国际机制有力地说明社会力量的重要性。而现有的社会路径研究文献主要针对各国内部社会力量的分化及相互博弈，如何影响对外经济政策，[③] 较少从建构主义的角度分析社会内部各不同群体对外国经济影响的态度，从而揭示他们对与外国经济合作的利益判断和政策倾向。从现实意义上说，在“逆全球化”趋势上升和贸易保护主义抬头的背景下，中国如果希望继续推进“一带一路”，必须理解经济联系如何

---

① 另一种研究路径主要是以国家为中心的路径，其部分代表性文献包括：Stephen D. Krasner, *Defending the National Interest: Raw Materials Investments and US Foreign Policy*, Princeton: Princeton University Press, 1978; Edward D. Mansfield, Helen V. Milner, and B. Peter Rosendorff, “Why Democracies Cooperate More: Electoral Control and International Trade Agreements,” *International Organization*, Vol. 56, No. 3, 2002, pp. 477 – 513; David M. Andrews, “Capital Mobility and State Autonomy: Toward a Structural Theory of International Monetary Relations,” *International Studies Quarterly*, Vol. 38, No. 2, 1994, pp. 193 – 218。

② 有关右翼民粹及其政治行为的文献，可以参考：Kai Arzheimer, “Contextual Factors and the Extreme Right Vote in Western Europe, 1980 – 2002,” *American Journal of Political Science*, Vol. 53, No. 2, 2009, pp. 259 – 275; Kai Arzheimer and Elisabeth Carter, “Political Opportunity Structures and Right-Wing Extremist Party Success,” *European Journal of Political Research*, Vol. 45, No. 3, 2006, pp. 419 – 443; Duane Swank and Hans-Georg Betz, “Globalization, the Welfare State and Right-Wing Populism in Western Europe,” *Socio-Economic Review*, Vol. 1, No. 2, 2003, pp. 215 – 245。

③ 社会同盟理论是该领域的主导理论范式，详见 Peter Gourevitch, *Politics in Hard Times: Comparative Responses to International Economic Crises*, New York: Cornell University Press, 1986; Jeffry A. Frieden, “Invested Interests: The Politics of National Economic Policies in a World of Global Finance”, *International Organization*, Vol. 45, No. 4 (Autumn, 1991), pp. 425 – 451; Michael J. Hiscox, “Commerce, Coalitions, and Factor Mobility: Evidence from Congressional Votes on Trade Legislation,” *The American Political Science Review*, Vol. 96, No. 3 (Sep., 2002), pp. 593 – 608; 田野：《对外经济政策的政治学—社会联盟理论解析》，《国际政治科学》2008 年第 2 期。

影响这些国家内部社会力量对中国的态度，从而理解自己的诉求可能在哪些国家的哪些社会群体得到支持。

现有的以社会为中心的国际政治经济学理论主要采用两种基本视角：一种从阶级的角度研究国际经济联系对国内各阶级造成利益分配差距，从而理解国家的对外经济政策；他们关注国际贸易的变化导致国内阶级分化，认为劳动、资本和土地要素所有者分别形成劳工、资本家和地主（包括农场主和拥有土地的农民）三大阶级，各阶层从自身经济利益出发选择相应的策略影响对外政策。[①] 另一种视角是行业/部门的角度来理解上述问题。他们以特定要素（即某一要素只能被用于生产某些特定产品）为前提假设，认为国际经济的变化造成行业/部门分化。其中古勒维奇按照部门如粮食生产、钢铁制造业、高附加值农产品生产等划分各类社会群体；[②] 弗里登将社会民众分为进口竞争型可贸易部门商品生产者、出口导向型可贸易部门商品生产者、不可贸易部门商品和服务者、国际交易商和投资者四个群体。[③] 不同社会联盟存在利益分歧，造成他们在国家对外政策偏好上的不同。

本书也采取社会的阶层分化的视角，但有别于现有研究中以生产要素为基础来划分的“阶级”概念，本书的“阶层”是以教育程度、收入水平和全球化社会特征等属性为区分的，而不是以生产要素为基础。我们发现在讨论对外影响力时，这种类型阶层的划分显然更具有实际意义。此外，本书发现阶层因素主要影响民众对另一国影响力大小的判断，但不对影响力正面性产生显著影响。行业因

---

① Ronald Rogowski, “Political Cleavages and Changing Exposure to Trade,” *The American Political Science Review*, Vol. 21, No. 4, 1987, pp. 1121 – 1137.

② Peter Gourevitch, “International Trade, Domestic Coalitions, and Liberty: Comparative Responses to the Crisis of 1873 – 1896,” *The Journal of Interdisciplinary History*, Vol. 8, No. 2, 1977, pp. 281 – 313.

③ Jeffry Frieden, “Invested Interests: The Politics of National Economic Policies in a World of Global Finance,” *International Organization*, Vol. 45, No. 4, 1991, pp. 425 – 451.

素；或者说对于一国民众来说，她/他所处的行业在全球产业链中的地位会深入影响他对其他国家影响力正面性的判断。换句话说，阶层和行业都是影响国家对外影响力的重要因素，但是影响的方式不同，从而在一定程度上拓展现有两种分析视角并弥合了它们之间的分歧。

三　东亚区域主义理论

在国际关系研究中，关于东亚区域主义障碍与路径的理论讨论（包括"东亚区域合作"）主要包括以下几个方向：一是功能主义及新功能主义，前者强调某一领域或部门（尤其是生产贸易等低级政治领域）的合作会逐渐渗透至高级政治部门（如安全、防务等），从而推动地区一体化发展，后者则在功能主义的基础上，主张通过政府间合作建立共享国家权力的功能性组织，这两种"功能性合作"被视为"构建东亚共同体的基本路径和关键内容"。[①] 二是国际制度论，即有关国家基于发展合作关系的意愿建立某种形式的组织或机制，从而推进地区合作的深化，尤其强调区域主导性力量（即大国）在制度创建与维持中的重要作用；而在东亚的语境下，如何设计与有效利用合作机制甚至成为区域一体化的关键。[②] 三是新自由主义框架下的相互依赖论，强调在市场驱动下有关国家经济相互依赖的程度加深，政府以此为基础，同时基于共同的意愿进行政治上的联合与合作，从而推进地区一体化进程；东亚地区经济融合程度高，但缺乏"统一的地缘政治基础"，这也是东亚区域合作

---

① David Mitrany, *A Working Peace System*, London: Royal Institute of International Affairs, 1943; Ernst B. Haas, "International Integration: The European and the Universal Process," International Organization, Vol. 15, No. 3, 1961, pp. 366 – 392；贺平：《区域性公共产品与东亚的功能性合作——日本的实践及其启示》，《世界经济与政治》2012 年第 1 期。

② 范洪颖：《全球化背景下东亚一体化理论适用问题探讨》，《东南亚研究》2007 年第 3 期；王明国：《国际制度复杂性与东亚一体化进程》，《当代亚太》2013 年第 1 期。

的主要障碍。①

上述理论取向都是围绕“国家”展开的，即一国政府如何与他国政府相处与互动以推进地区合作，本书则突破了“国家”范畴的局限，从“社会”的视角探索中国在经济全球化背景下增强中国的对外经济影响力，减少中国与东亚国家合作的阻力，从而推进与东亚国家合作的路径。本书的第三个模型（国家对外影响力的意识形态因素分析）在一定程度上丰富了东亚区域一体化理论，不仅修正了新功能主义的观念“溢出效应”的条件，还从建构主义角度说明相关社会思潮如何调节民众对经济一体化的看法，从而解释经济一体化在民众层面所遇到的动力和阻力。由于新功能主义主要基于欧洲一体化的早期实践，建立在欧洲各国相似发展阶段和发展主义倾向的基础上，认为经济融合必然带来观念改变和认同产生。但是，本书通过采用中国与东亚周边各国的案例，发现经济依存不断加深未必导致观念“溢出效应”；只有当各国民众同时具有较高的经济发展受惠度且较强的发展主义倾向时，经济相互依存的增长才有可能带来观念“溢出效应”。本书的发现还可以部分地解释为什么东亚区域经济合作并没有带来民众间的信任，进而未能推动政府间的合作，导致东亚区域一体化进展非常缓慢。②

---

① 韩爱勇：《东亚地区主义何以走向衰落?》，《外交评论》（外交学院学报）2015 年第 5 期；马必胜、刘静烨：《东亚地区主义的演变：地缘经济的需求与地缘政治的限制》，《国外理论动态》2015 年第 2 期；庞中英：《地区化、地区性与地区主义——论东亚地区主义》，《世界经济与政治》2003 年第 11 期。

② 有关东亚一体化进展的讨论，见 Richard Stubbs，“ASEAN Plus Three：Emerging East Asian Regionalism?” *Asian Survey*, Vol. 42, No. 3, 2002, pp. 440 – 455; Richard E. Baldwin, “Managing The Noodle Bowl: The Fragility Of East Asian Regionalism,” *Singapore Economy Review*, Vol. 53, No. 3, 2008, pp. 449 – 478; Zhang Yunling, *China and Asian Regionalism*, Singapore: World Scientific Publishing, 2010；郑先武《区域间合作与东亚区域主义》，《国际观察》2009 年第 6 期；夏立平《新东亚区域主义发展及其影响》，《当代亚太》2005 年第 6 期。

四　中国崛起与东亚地区秩序

本书的第一章提及本书将为“有关中国经济实力的增长如何改变中国在世界格局中的地位?”的学术讨论带来新的视角。中国的崛起将如何改变现有的东亚秩序是该讨论中的核心问题。东亚秩序既是一种权力分配，在某种意义上也是一种观念结构。作为东亚的组成部分，中国经济发展及影响力增长不仅会引起东亚权力分配的变化，同时也会改变其他国家对于这种变化的认知与态度。这种态度是决定中国是否能够在本地区和平崛起的关键因素。如果东亚国家对中国影响力持欢迎态度，意味着它们倾向于接受中国在权力分配中的增长地位，中国的崛起就会是相对稳定的。相反，如果它们对中国的影响力持否定态度，东亚权力格局的变动会无法得到它们的认同与接受，他们将在行动上抵制中国在这些国家的经济辐射，进而引发双方在政治层面的矛盾，这也意味着中国和平崛起将存在诸多的挑战。

本书的结论对于中国影响力与东亚地区秩序的联系做出新的判断。我们尝试厘清在什么情况下中国对东亚国家的影响力是“对抗性”的，在何种条件下又呈现出“融入性”的特征。一方面，从现有经济联系的角度看，在全球价值链中对中国前向链接度高的国家民众倾向于对中国影响力给予负面评价，即倾向于认为中国影响力具有“对抗性”，而对中国后向链接度高的国家则相反。随着中国在产业链位置中的上升，可以预见越来越多的后向链接国家将积极评价中国的影响力。另一方面，从意识形态的角度看，东亚国家中经济发展受惠度及发展主义倾向高的民众对中国的评价相对积极，换言之，对于这些国家的民众而言，中国日益崛起的影响力判断更倾向于是“融入性”的，而经济发展受惠度及发展主义倾向低的国家民众则更倾向于认为中国的影响力是“对抗性”。

第二节 实践启示

一 扩大对外经济辐射

一国经济发展与扩大对外经济辐射总是相伴而生。尽管无法清晰界定两者的因果关系，但可以确定的是，二者相互促进。随着中国经济体量增大及产能提高，中国扩大对外经济辐射的需求也日益增加。但对外经济辐射不是单纯依靠主导国的主观想法或者经济实力就能顺利实现的；在大多数情况下，对象国接受其经济辐射的意愿以及由此衍生的一系列应对措施也会深刻影响着经济辐射的效果。那么，中国应该如何扩大对外经济辐射呢？

本书通过意识形态因素分析得出以下启示。如果希望经贸合作能够带来持续性的效果，投资和贸易应该更多考虑那些经济发展受惠度较高的国家和地区，也就是经济发展较快的国家和地区；即使这些国家经济发展不是受惠于中国的参与，其民众也倾向于对参与的国家产生好感。不过值得注意的是，如果经济发展只是惠及小部分民众，即使经济发展数据增长迅速也未必带来民众经济受惠度的广泛增长。本书中的蒙古就是一个典型的例子。另一个需要考虑的因素是民众的发展主义倾向。一般来说，经济处于现代化阶段的国家，其民众的发展主义倾向应该较强烈；但是，两者的关系并非绝对。在本书中，蒙古和泰国，虽然经济处于现代化阶段，其发展主义倾向甚至低于新加坡这样高度现代化的国家。当然，重视这两个指标并不是说投资和贸易不应该首先考虑经济收益，只是国家和相关企业需要对当地民众在这两组指标上有一个基本的研判，考虑到可能的风险，并以各种方式进行舆论引导以减少可能的损失。

简言之，中国在扩大对外经济辐射时需考虑对象国的情况。在准确判断对象国接受本国经济辐射的意愿之基础上，再有针对性地制定扩大经济辐射的策略。对于经济发展受惠度较高和发展主义倾向较明显的国家，中国扩大对外经济可能受到较小阻碍，因此可以减少不必要的干预，顺应市场规律，让资本等经济要素相对自由地进入这些国家。而对于经济发展受惠度较低和发展主义倾向不突出的国家，中国在扩大对外经济辐射时应更为审慎——当然，这不意味着将这些国家排除在中国经济辐射的范围之外，而是在生产要素的流动与思想观念的传播上，政府应该发挥更加积极的引导作用，避免因这些经济活动而加剧了他们对中国影响力的负面判断。尽管无法改变对象国的意识形态，但这不意味着中国对上述东亚各国的影响力现状无能为力。中国应该寻求从其他角度入手，增强中国在这些国家民众心中的积极形象，以抵消意识形态因素的消极影响。其中，公共外交就是一个可行性较强的途径。

二　公共外交

从概念上看，公共外交是指“一国政府通过塑造（本国）形象争取民心实现国家利益的外交行为”①。其中争取的主要是“他国”的“民心”。公共外交实践的基础是判断他国公众对本国的看法，其最终目的在于提升本国的国际形象（及对外影响力）。理解中国对外影响力现状及提升对外影响力的实践，本质上也是一种公共外交。那么，中国对东亚各国影响力现状可以为中国公共外交实践提供什么启示呢？

就政策影响而言，如果中国与对中国后向链接度较高的国家在政府间关系以及领土等方面不存在较大争议，这些国家中的专业中产阶级更有可能认为中国的影响力大且正面，符合本书第一章所界定的 A 类影响力，换言之，他们会更倾向于支持或者推动本国政府

---

① 莫盛凯：《中国公共外交之理论与实践刍议》，《外交评论》2013 年第 4 期。

对中国的友好经济政策，而且他们本身是全球化的受益者，更有可能积极接受中国有关经济全球化或者区域化的相关倡议如“一带一路”等等。因此，他们构成了当前中国在相关国家开展公共外交的重要的对象群体，中国政府在实践中应高度重视他们的动向，也可以通过政府和企业的对外经济活动与这一群体形成良好的互动，以确保他们对中国的好感度。与中国前向链接度较高的国家中的专业中产阶级比较有可能认为中国的影响力大但负面，即中国对他们的影响力符合上文界定的 B 类，他们可能会审慎地考虑支持或者推动本国政府对中国友好的经济政策，但是相关动机应该并不强烈，除非中国的倡议与他们对国际经济和政治的看法一致。考虑到专业中产阶级支持全球化的态度，中国的支持全球化的倡议应该不会遭到来自该群体的抵制。因此，他们也应该是中国公共外交中值得争取的对象。不过，对该群体的重视并不是说其他社会群体对中国的政策影响小。本书的结果仅仅是说明在重视外国政府、经济以及社会精英的同时，不能忽视该群体的作用，特别是考虑到该群体在本国的国内信息传播以及政治社会动员方面的巨大能量。

三　参与及推进经济全球化

经济全球化及全球价值链是本书关注的重点解释变量之一，相关研究结果也可以为中国应该如何参与全球化提供一些启示。在第二个理论模型中，东亚各国与中国在全球价值链中的相对位置影响了这些国家的社会民众对中国的评价。与上文提及的意识形态因素不同的是，国家在全球价值链中相对位置对中国而言并不是不可改变的，这也就意味着中国在参与经济全球化的过程中，可以通过具体行动改变中国的对外影响力，进而改变中国参与全球化的外部环境。

对于发展中国家的对外影响力而言，通过对该理论模型的实证检验，我们发现产业升级以及提升自身在价值链中的地位是目前中国提高影响力的关键。当前中国影响力的强度已经在全球化相互依赖网络中得到普遍的承认；但是，要获得政策意义更强的A类影响力，需要更多的正面性评价，因此，产业链的位置上升具有关键意义。当然，其他政治和外交的因素也不可忽视。从中国的产业结构现状来看，推进产业转型升级的主要途径包括通过科技创新与变革以减少传统制造业优势下降所带来的损失，以及给予新兴产业如大数据、人工智能、互联网等更多的关注与政策支持等。

如果说前两项实践启示是从外部环境，主要是不同的对象国着手，上述这个启示则主要是在内部做出改变。中国对东亚各国的影响力既是外部环境对中国的态度反映，也是中国综合实力的间接体现，因此，在如何提高中国对外影响力的问题上，“双管齐下，内外兼顾”是更理想的政策选择。

附　录

表 7－1　　**1978—2016 年东亚各国国内（或地区）生产总值**　　单位：亿美元

年份	1970	1971	1972	1973	1974	1975	1976	1977	1978	1979	1980	1981	1982	1983	1984	1985	1986
文莱	2.25	2.48	3.40	5.44	13.48	14.67	17.87	21.76	24.39	35.22	61.90	54.84	53.56	48.29	47.51	44.25	26.98
柬埔寨	7.69	7.68	7.57	6.47	6.69	7.21	7.60	6.89	7.37	6.96	7.16	7.83	8.31	9.02	9.80	10.59	11.21
中国（大陆）	896.50	971.85	1092.97	1341.90	1396.44	1586.41	1528.95	1704.14	2158.53	2622.64	3053.46	2908.30	2867.20	3076.77	3166.28	3126.17	3033.40
中国香港	38.12	44.61	57.10	80.30	93.89	100.48	128.76	157.19	183.15	225.26	288.62	310.55	322.91	299.07	335.11	357.00	410.75
中国澳门	1.67	2.00	2.44	3.34	3.84	4.45	4.42	5.66	7.40	8.43	10.08	10.65	11.31	11.22	12.92	13.49	15.17
中国台湾	57.86	67.28	80.57	109.59	147.40	158.38	189.89	222.54	272.98	338.58	423.00	489.86	495.45	541.62	610.88	636.41	782.34
印度尼西亚	—	—	—	—	—	—	—	—	—	—	—	—	—	—	—	—	—

续表

年份	1970	1971	1972	1973	1974	1975	1976	1977	1978	1979	1980	1981	1982	1983	1984	1985	1986
日本	2115. 14	2389. 15	3163. 93	4298. 57	4771. 56	5188. 56	5831. 43	7176. 96	10083. 92	10495. 79	10996. 93	12155. 09	11298. 95	12323. 44	13097. 40	14007. 15	20750. 34
朝鲜	49. 27	54. 40	60. 06	66. 30	73. 20	80. 81	84. 12	87. 57	91. 16	94. 90	98. 79	102. 44	128. 68	128. 55	122. 51	120. 75	136. 54
韩国	89. 99	98. 90	108. 42	138. 42	194. 82	217. 05	297. 79	382. 65	517. 01	665. 68	649. 81	724. 26	777. 73	870. 25	965. 98	1002. 73	1155. 37
老挝	1. 15	1. 26	1. 36	1. 56	1. 77	2. 06	2. 24	2. 33	2. 52	2. 67	3. 20	4. 04	4. 59	5. 00	5. 54	6. 01	6. 43
马来西亚	38. 64	42. 44	50. 43	76. 63	94. 96	93. 29	110. 50	131. 39	163. 58	212. 13	244. 88	250. 04	268. 04	303. 47	339. 43	312. 00	277. 34
蒙古	1. 99	2. 19	2. 37	2. 72	3. 09	3. 59	3. 94	4. 51	5. 19	5. 85	6. 79	8. 05	9. 26	10. 18	11. 17	12. 18	13. 60
缅甸	26. 92	27. 57	25. 54	33. 21	39. 79	36. 80	40. 89	41. 91	46. 78	53. 65	59. 05	59. 39	60. 72	62. 59	64. 55	66. 06	50. 01
菲律宾	74. 13	82. 09	88. 83	111. 72	152. 69	165. 02	189. 44	217. 70	251. 58	304. 71	359. 54	394. 95	411. 50	367. 97	347. 99	340. 52	330. 93
新加坡	19. 19	22. 70	29. 50	42. 28	52. 61	57. 89	60. 72	67. 03	80. 62	97. 20	120. 79	143. 63	158. 74	180. 02	195. 50	185. 55	187. 63
泰国	73. 74	76. 76	85. 09	112. 80	142. 61	154. 89	176. 77	205. 85	249. 84	284. 83	334. 67	360. 46	378. 49	414. 21	432. 36	402. 40	445. 80
越南	27. 75	30. 24	32. 37	33. 50	36. 05	38. 96	45. 41	54. 13	65. 32	71. 40	23. 96	18. 85	21. 90	32. 89	50. 69	47. 97	50. 58
年份	1987	1988	1989	1990	1991	1992	1993	1994	1995	1996	1997	1998	1999	2000	2001		
文莱	31. 00	29. 49	33. 08	39. 01	41. 01	46. 37	45. 49	45. 29	52. 45	56. 68	57. 58	44. 88	50. 96	66. 50	62. 06		
柬埔寨	13. 98	16. 81	17. 42	16. 98	22. 48	23. 94	24. 34	26. 76	33. 09	35. 07	34. 43	31. 30	35. 13	36. 67	39. 92		
中国（大陆）	3303. 03	4119. 23	4610. 65	3986. 24	4156. 03	4956. 70	6230. 54	5664. 71	7368. 69	8672. 24	9653. 39	10325. 73	10971. 38	12149. 15	13440. 77		

续表

年份	1987	1988	1989	1990	1991	1992	1993	1994	1995	1996	1997	1998	1999	2000	2001		
中国香港	506. 23	597. 07	687. 90	769. 29	889. 60	1042. 73	1203. 54	1358. 12	1446. 52	1597. 18	1773. 53	1688. 85	1657. 68	1716. 69	1694. 04		
中国澳门	19. 41	22. 69	26. 83	32. 21	37. 35	48. 79	56. 26	62. 66	69. 96	71. 23	72. 11	67. 43	64. 91	67. 20	68. 11		
中国台湾	1050. 40	1264. 61	1527. 27	1668. 45	1873. 51	2231. 23	2351. 66	2564. 38	2792. 70	2926. 87	3037. 06	2804. 07	3041. 74	3314. 07	3004. 22		
印度尼西亚	—	—	—	—	—	—	—	—	—	—	—	—	—	—	—		
日本	25142. 84	30506. 39	30523. 15	31399. 74	35781. 40	38978. 25	44665. 66	49070. 39	54491. 18	48337. 14	44147. 34	40325. 10	45620. 79	48875. 20	43035. 43		
朝鲜	143. 91	141. 93	157. 71	147. 02	136. 87	124. 58	107. 44	83. 07	48. 49	105. 88	103. 23	102. 73	102. 80	106. 08	110. 22		
韩国	1461. 34	1969. 65	2435. 28	2793. 48	3257. 33	3500. 51	3863. 02	4556. 05	5561. 29	5980. 97	5575. 04	3742. 42	4852. 50	5616. 34	5330. 50		
老挝	6. 50	6. 59	7. 82	8. 66	10. 28	11. 33	12. 79	14. 83	17. 08	18. 00	16. 78	12. 35	13. 97	16. 65	16. 85		
马来西亚	321. 81	352. 72	388. 48	440. 25	491. 35	591. 52	668. 95	744. 82	888. 33	1008. 50	1001. 69	721. 75	791. 48	937. 90	927. 84		
蒙古	14. 44	15. 70	17. 00	17. 18	16. 11	14. 91	14. 81	15. 47	16. 78	16. 01	14. 31	13. 20	12. 33	13. 18	14. 70		
缅甸	49. 24	45. 17	48. 66	51. 89	53. 26	59. 74	64. 86	71. 19	77. 64	84. 15	90. 43	59. 26	65. 76	72. 75	76. 34		
菲律宾	367. 80	419. 75	471. 71	490. 95	503. 20	586. 95	602. 37	710. 03	821. 21	917. 90	912. 34	722. 07	829. 95	810. 26	762. 62		
新加坡	216. 06	265. 15	313. 93	389. 00	454. 73	521. 57	606. 45	737. 76	878. 92	964. 01	1001. 64	857. 08	862. 85	958. 36	892. 85		
泰国	522. 75	637. 90	747. 38	882. 99	1010. 62	1153. 67	1286. 55	1464. 28	1689. 98	1827. 38	1499. 19	1134. 73	1264. 48	1261. 48	1200. 52		
越南	53. 19	57. 86	62. 93	64. 72	76. 42	98. 67	131. 81	162. 81	207. 36	246. 58	268. 44	272. 10	286. 84	311. 73	326. 85		

续表

年份	2002	2003	2004	2005	2006	2007	2008	2009	2010	2011	2012	2013	2014	2015	2016		
文莱	64. 75	72. 66	87. 23	105. 61	127. 10	135. 71	159. 49	118. 92	137. 07	185. 25	190. 48	180. 94	171. 22	129. 30	128. 26		
柬埔寨	42. 89	46. 65	53. 38	62. 93	72. 75	86. 39	103. 52	104. 02	112. 42	128. 30	140. 54	152. 69	167. 03	180. 50	199. 04		
中国（大陆）	14775. 01	16710. 65	19662. 44	23088. 00	27742. 92	35714. 51	46042. 84	51216. 80	60663. 51	75221. 03	85703. 48	96350. 26	105345. 27	111584. 57	113820. 57		
中国香港	1663. 49	1613. 86	1691. 00	1815. 69	1935. 35	2115. 97	2192. 79	2140. 48	2286. 39	2485. 14	2626. 29	2756. 59	2912. 29	3092. 36	3206. 12		
中国澳门	73. 23	81. 95	105. 86	120. 92	147. 90	183. 41	209. 17	214. 76	281. 24	367. 10	430. 29	515. 49	555. 23	461. 78	455. 62		
中国台湾	3088. 84	3185. 97	3485. 21	3757. 87	3885. 47	4082. 21	4170. 38	3921. 06	4461. 41	4856. 71	4959. 19	5115. 99	5300. 38	5235. 81	5287. 29		
印度尼西亚	—	2499. 68	2734. 61	3043. 72	3881. 68	4601. 93	5432. 54	5745. 05	7550. 94	8929. 69	9178. 70	9125: 24	8904. 87	8619. 34	9435. 50		
日本	41151. 16	44456. 59	48151. 68	47554. 10	45303. 77	45152. 63	50379. 09	52313. 83	57000. 98	61574. 60	62032. 13	51557. 17	48487. 33	43830. 76	49196. 61		
朝鲜	109. 10	110. 51	111. 68	130. 31	137. 64	143. 75	133. 37	120. 35	139. 45	156. 89	159. 07	165. 65	173. 96	162. 83	—		
韩国	6090. 21	6805. 18	7648. 81	8981. 37	10117. 97	11226. 79	10022. 19	9019. 35	10944. 99	12024. 64	12228. 07	13056. 05	14113. 34	13778. 73	13929. 63		
老挝	17. 58	20. 14	23. 76	27. 17	33. 25	42. 14	52. 85	55. 85	67. 44	80. 61	93. 97	107. 60	118. 53	125. 85	137. 29		
马来西亚	1008. 46	1102. 02	1247. 49	1435. 34	1626. 92	1935. 50	2308. 12	2022. 57	2550. 18	2979. 52	3144. 43	3232. 76	3380. 73	2962. 84	2974. 13		
蒙古	16. 19	18. 50	23. 10	29. 26	39. 59	49. 10	65. 20	53. 15	71. 89	104. 10	122. 93	125. 82	122. 27	117. 58	108. 84		
缅甸	103. 69	99. 25	102. 54	119. 31	138. 52	182. 33	258. 64	329. 35	414. 45	578. 88	610. 14	621. 40	663. 00	626. 01	683. 07		
菲律宾	813. 58	839. 08	913. 71	1030. 72	1222. 11	1493. 60	1741. 95	1683. 35	1995. 91	2241. 43	2500. 92	2718. 36	2848. 34	2924. 49	3031. 13		

续表

年份	2002	2003	2004	2005	2006	2007	2008	2009	2010	2011	2012	2013	2014	2015	2016		
新加坡	919.42	970.02	1141.87	1274.18	1477.94	1799.81	1922.31	1924.06	2364.20	2752.26	2892.74	3002.88	3063.57	2927.34	2950.63		
泰国	1343.01	1522.81	1728.96	1893.18	2217.58	2629.43	2913.83	2815.75	3409.23	3706.08	3972.91	4198.89	4043.20	3951.68	3960.58		
越南	350.64	395.53	494.94	576.33	663.72	774.14	991.30	1060.15	1159.32	1355.39	1558.20	1712.22	1862.05	1932.41	2054.59		

资料来源：UNCTADstat。

表7-2　2016年中国从东亚各国（或地区）进口的商品结构

贸易额单位：百万美元

编码	商品类型	日本		中国澳门		文莱		中国香港		朝鲜		印度尼西亚		老挝		马来西亚	
		贸易额	比重	贸易额	比重	贸易额	比重	贸易额	比重	贸易额	比重	贸易额	比重	贸易额	比重	贸易额	比重
0	粮食及活动物	508.72	0.0035	1.62	0.0115	0.77	0.0035	183.12	0.0110	250.22	0.0986	1044.91	0.0488	108.74	0.0800	662.77	0.0135
1	饮料及烟叶	90.45	0.0006	12.40	0.0884	0	0	103.72	0.0062	1.69	0.0007	6.79	0.0003	3.61	0.0027	37.28	0.0008
2	除燃料外的非食用未加工材料	3258.29	0.0224	10.85	0.0773	1.96	0.0089	1595.29	0.0955	290.88	0.1146	3169.62	0.1480	780.16	0.5738	2365.73	0.0480
3	矿物燃料、润滑油及有关物质	1272.09	0.0087	0.03	0.0002	160.21	0.7231	191.36	0.0115	1192.87	0.4701	7818.81	0.3651	0.92	0.0007	4054.93	0.0823
4	动物及植物油、脂肪及蜡	6.08	0.00004	0	0	58.38	0.2635	3.90	0.0002	0.84	0.0003	2451.48	0.1145	0.00	0.000001	1400.88	0.0284
5	未列明的化学及有关产品	21237.10	0.1458	59.25	0.4222	0	0	1770.65	0.1060	10.77	0.0042	1688.07	0.0788	40.13	0.0295	3002.21	0.0609

续表

编码	商品类型	日本		中国澳门		文莱		中国香港		朝鲜		印度尼西亚		老挝		马来西亚	
		贸易额	比重	贸易额	比重	贸易额	比重	贸易额	比重	贸易额	比重	贸易额	比重	贸易额	比重	贸易额	比重
6	主要按材料分类的制成品	18881. 78	0. 1296	42. 33	0. 3016	0. 004	0. 00002	465. 38	0. 0279	120. 05	0. 0473	2479. 55	0. 1158	118. 47	0. 0871	873. 70	0. 0177
7	机械和运输设备	82345. 12	0. 5653	0. 87	0. 0062	0. 04	0. 0002	1191. 84	0. 0714	25. 35	0. 0100	1681. 42	0. 0785	4. 19	0. 0031	35041. 46	0. 7112
8	杂项制成品	17504. 25	0. 1202	11. 66	0. 0831	0. 16	0. 0007	726. 78	0. 0435	572. 11	0. 2255	1071. 32	0. 0500	4. 87	0. 0036	1820. 45	0. 0369
9	未列入其他分类的货物及交易	566. 80	0. 0039	1. 34	0. 0095	0. 01	0. 0001	10468. 64	0. 6268	72. 54	0. 0286	2. 07	0. 0001	298. 52	0. 2196	10. 23	0. 0002

编码	商品类型	蒙古		缅甸		菲律宾		韩国		新加坡		泰国		越南	
		贸易额	比重	贸易额	比重	贸易额	比重	贸易额	比重	贸易额	比重	贸易额	比重	贸易额	比重
0	粮食及活动物	98. 72	0. 0272	158. 30	0. 0386	583. 95	0. 0336	811. 86	0. 0051	334. 48	0. 0129	3502. 52	0. 0909	2571. 93	0. 0692
1	饮料及烟叶	0. 13	0. 00004	0. 40	0. 0001	1. 77	0. 0001	138. 62	0. 0009	72. 95	0. 0028	35. 24	0. 0009	8. 23	0. 0002
2	除燃料外的非食用未加工材料	2175. 09	0. 6004	1306. 22	0. 3188	1435. 24	0. 0825	1071. 19	0. 0067	260. 93	0. 0100	5155. 07	0. 1338	2202. 88	0. 0593
3	矿物燃料、润滑油及有关物质	1273. 98	0. 3517	1370. 60	0. 3345	611. 51	0. 0352	6191. 34	0. 0389	2592. 95	0. 0997	938. 71	0. 0244	1561. 74	0. 0420
4	动物及植物油、脂肪及蜡	0. 57	0. 0002	0	0	19. 57	0. 0011	2. 11	0. 0000	6. 63	0. 0003	8. 84	0. 0002	14. 67	0. 0004
5	未列明的化学及有关产品	5. 80	0. 0016	7. 17	0. 0017	416. 86	0. 0240	25389. 85	0. 1597	6240. 51	0. 2399	5215. 15	0. 1353	525. 10	0. 0141
6	主要按材料分类的制成品	55. 46	0. 0153	332. 91	0. 0812	338. 90	0. 0195	12206. 82	0. 0768	414. 80	0. 0159	3947. 10	0. 1024	2740. 75	0. 0737
7	机械和运输设备	0. 16	0. 00004	30. 38	0. 0074	13235. 60	0. 7608	93369. 53	0. 5873	10982. 80	0. 4222	16403. 03	0. 4257	14376. 70	0. 3868
8	杂项制成品	10. 93	0. 0030	155. 18	0. 0379	750. 21	0. 0431	19353. 16	0. 1217	2905. 43	0. 1117	3320. 74	0. 0862	3233. 20	0. 0870
9	未列入其他分类的货物及交易	1. 75	0. 0005	736. 56	0. 1797	2. 28	0. 0001	440. 04	0. 0028	2202. 77	0. 0847	5. 95	0. 0002	9936. 41	0. 2673

资料来源：UN Comtrade Database。

表7－3　　2016年中国向东亚各国（或地区）出口的商品结构　　贸易额单位：百万美元

编码	商品类型	日本		中国澳门		文莱		中国香港		朝鲜		印度尼西亚		老挝		马来西亚	
		贸易额	比重	贸易额	比重	贸易额	比重	贸易额	比重	贸易额	比重	贸易额	比重	贸易额	比重	贸易额	比重
0	粮食及活动物	9043.36	0.0700	258.02	0.0821	13.80	0.0270	7563.35	0.0263	229.61	0.0808	1668.57	0.0520	2.50	0.0025	2377.28	0.0631
1	饮料及烟叶	60.95	0.0005	110.24	0.0351	0.83	0.0016	1780.40	0.0062	24.78	0.0087	192.58	0.0060	22.50	0.0228	95.24	0.0025
2	除燃料外的非食用未加工材料	1642.23	0.0127	57.93	0.0184	0.49	0.0009	656.22	0.0023	52.95	0.0186	399.21	0.0124	1.05	0.0011	227.45	0.0060
3	矿物燃料、润滑油及有关物质	1129.37	0.0087	573.67	0.1826	0.12	0.0002	5477.38	0.0191	138.55	0.0488	480.71	0.0150	12.20	0.0124	1035.33	0.0275
4	动物及植物油、脂肪及蜡	29.36	0.0002	2.09	0.0007	0	0	54.14	0.0002	75.12	0.0264	7.24	0.0002	0	0	8.63	0.0002
5	未列明的化学及有关产品	7917.84	0.0613	130.01	0.0414	12.17	0.0238	4213.16	0.0147	232.09	0.0817	3966.62	0.1235	34.21	0.0347	3327.56	0.0884
6	主要按材料分类的制成品	15750.75	0.1218	836.09	0.2662	196.17	0.3840	17667.62	0.0615	895.61	0.3152	8925.76	0.2779	243.64	0.2469	8090.47	0.2148
7	机械和运输设备	57618.39	0.4457	419.36	0.1335	135.04	0.2643	195740.27	0.6814	769.01	0.2707	12439.50	0.3873	573.21	0.5808	13843.94	0.3676
8	杂项制成品	35874.06	0.2775	752.46	0.2396	152.15	0.2978	52785.50	0.1838	420.89	0.1481	4029.08	0.1254	41.64	0.0422	8575.75	0.2277
9	未列入其他分类的货物及交易	202.17	0.0016	1.13	0.0004	0.09	0.0002	1313.61	0.0046	2.60	0.0009	8.22	0.0003	56.01	0.0567	78.53	0.0021

续表

编码	商品类型	蒙古		缅甸		菲律宾		韩国		新加坡		泰国		越南	
		贸易额	比重	贸易额	比重	贸易额	比重	贸易额	比重	贸易额	比重	贸易额	比重	贸易额	比重
0	粮食及活动物	84.16	0.0851	278.08	0.0340	1807.99	0.0606	3988.17	0.0426	734.06	0.0165	3122.38	0.0840	3432.09	0.0562
1	饮料及烟叶	5.89	0.0060	51.00	0.0062	62.99	0.0021	112.46	0.0012	88.52	0.0020	15.42	0.0004	56.50	0.0009
2	除燃料外的非食用未加工材料	2.81	0.0028	60.05	0.0073	72.48	0.0024	1033.75	0.0110	105.55	0.0024	508.74	0.0137	577.65	0.0095
3	矿物燃料、润滑油及有关物质	123.00	0.1244	132.03	0.0161	1426.76	0.0478	1550.72	0.0165	4529.70	0.1018	224.66	0.0060	1015.39	0.0166
4	动物及植物油、脂肪及蜡	5.41	0.0055	0.18	0.00002	0.93	0.0000	27.72	0.0003	14.07	0.0003	10.07	0.0003	12.98	0.0002
5	未列明的化学及有关产品	70.09	0.0709	539.73	0.0659	1873.24	0.0628	7654.50	0.0817	1706.37	0.0383	4295.73	0.1155	4364.27	0.0714
6	主要按材料分类的制成品	225.73	0.2284	2858.78	0.3492	9391.78	0.3148	18128.52	0.1935	6022.93	0.1354	8412.51	0.2262	22561.23	0.3693
7	机械和运输设备	313.95	0.3176	3422.59	0.4180	8332.96	0.2793	45667.60	0.4873	23225.11	0.5220	16011.93	0.4306	20552.36	0.3364
8	杂项制成品	156.47	0.1583	535.47	0.0654	6848.59	0.2295	15472.92	0.1651	8021.73	0.1803	4570.98	0.1229	7382.80	0.1208
9	未列入其他分类的货物及交易	1.04	0.0011	309.72	0.0378	18.84	0.0006	70.73	0.0008	47.92	0.0011	10.31	0.0003	1138.82	0.0186

资料来源：UN Comtrade Database。

表 7-4　2007—2015 年东亚（除中国外）对外及吸收外来直接投资

单位：万美元

年份	2007	2008	2009	2010	2011	2012	2013	2014	2015
对中国投资总额	41775.42	55768.69	60257.79	76811.79	89250.34	86378.17	94409.05	98428.04	103695.98
对外投资总额	231545.225	235602.0735	200512.4613	236170.6103	302443.4142	296267.7571	331099.4889	377823.5141	292258.9331
吸收中国投资总额	15039.71	42162.17	39380.77	42833.41	42716.22	59525.44	68753.09	77664.68	105305.86
吸收外来投资总额	174852.9536	144780.5864	122019.5249	181796.5334	201502.5926	191929.9475	210273.3152	265168.058	300832.3062

资料来源：中华人民共和国国家统计局；UNCTADstat。

表 7 – 5　　2007—2015 年中国对外及吸收外来直接投资　　单位：万美元

年份	2007	2008	2009	2010	2011	2012	2013	2014	2015
对东亚投资	1503971	4216217	3938077	4283341	4271622	5952544	6875309	7766468	10530586
对世界投资	2650609	5590717	5652899	6881131	7465404	8780353	10784371	12311986	14566715
吸收东亚投资	4177542	5576869	6025779	7681179	8925034	8637817	9440905	9842804	10369598
吸收世界投资	7476789	9239544	9003300	10573524	11601100	11171614	11758260	11956156	12626660

资料来源：中华人民共和国国家统计局；UNCTADstat。

表 7 – 6　　2007—2010 年东亚国家（或地区）与中国在全球价值链中的前/后向关联度

国家	前向关联度*					后向关联度**				
（或地区）	2007	2008	2009	2010	四年均值	2007	2008	2009	2010	四年均值
柬埔寨	0.0001	0.0001	0.0001	0.0001	0.0001	0.1265	0.1334	0.1388	0.1519	0.1376
中国香港	0.0275	0.0266	0.0303	0.0331	0.0294	0.5448	0.5821	0.614	0.6222	0.5908
印度尼西亚	0.0094	0.0103	0.0115	0.0138	0.0112	0.0428	0.0465	0.0454	0.0482	0.0457
日本	0.0841	0.0853	0.0893	0.1043	0.0907	0.0822	0.0843	0.0841	0.0842	0.0837
马来西亚	0.015	0.0161	0.0175	0.0201	0.0172	0.0546	0.0549	0.0571	0.0611	0.0569
蒙古	0.0004	0.0004	0.0004	0.0005	0.0004	0.1316	0.161	0.1567	0.1532	0.1506
菲律宾	0.0043	0.0048	0.0052	0.0058	0.005	0.0332	0.0331	0.0333	0.0375	0.0343
韩国	0.0814	0.0806	0.088	0.0999	0.0875	0.1064	0.1304	0.1279	0.1339	0.1246
新加坡	0.0193	0.0204	0.0219	0.024	0.0214	0.0701	0.0759	0.0758	0.0811	0.0757

续表

国家（或地区）	前向关联度*					后向关联度**				
	2007	2008	2009	2010	四年均值	2007	2008	2009	2010	四年均值
中国台湾	0.003	0.0027	0.0034	0.0028	0.003	0.0212	0.021	0.0212	0.0212	0.0212
泰国	0.0105	0.0114	0.0106	0.0118	0.0111	0.0788	0.0842	0.0882	0.1002	0.0879
越南	0.0029	0.0031	0.0033	0.0025	0.003	0.1547	0.1874	0.1945	0.2512	0.197

资料来源：UNCTAD-EORA GVC Database（http：//www.worldmrio.com/）。

* 前向关联度在本表中是指中国从某国进口中间产品的价值占中国出口总值的比重。

** 后向关联度则指某国从中国进口中间产品的价值在该国出口总值中的比重。

表 7－7　　1998—2015 年中国对外承包工程完成营业额

单位：万美元

年份	1998	1999	2000	2001	2002	2003	2004	2005	2006	2007	2008
世界	924316	852232	837897	889957	1119358	1383736	1746829	2176324	2999281	4064258	5661168
亚洲	532231	450209	479477	466288	573791	692664	814158	931788	1377173	2035295	2890266
文莱	3856	1673	955	220	35		296	934	908	530	66
缅甸	49183	19269	17848	24909	28805	37074	33120	28672	27789	43402	68278
柬埔寨	1121	1501	1866	3527	5756	3542	6215	12312	9827	15367	35977
朝鲜	2572	1209	1274	1397	255	487	3487	2634	2874	722	3349
中国香港	182677	196653	202782	169976	213750	263732	254278	178277	175485	199401	168569
印度尼西亚	1773	2240	1196	2704	8134	14414	26303	52363	70934	121727	223671

续表

年份	1998	1999	2000	2001	2002	2003	2004	2005	2006	2007	2008
日本	240	316	1513	1855	5004	2739	5335	9953	13670	19355	21280
老挝	14768	8321	9077	10068	13677	10189	13284	16953	15192	15658	22530
中国澳门	13033	11824	9789	6411	7934	17041	21776	37280	79227	117173	87900
马来西亚	16218	8793	9478	7059	12827	23308	21394	22647	43012	64985	75669
蒙古	6359	1139	1778	2053	5485	17073	23872	18032	25813	38742	25847
菲律宾	4504	5558	4026	6809	7348	10082	12660	17925	18898	42850	39463
新加坡	58916	53085	65421	51104	54026	49933	65626	76758	83253	87439	132048
韩国	53	148	37	527	893	9101	10482	21215	32149	17618	24969
泰国	27026	10865	8645	11499	18428	11411	16556	30099	62518	51942	48238
越南	6279	6534	6715	9491	14700	16148	27784	27530	55202	116972	192343
中国台湾	465	2	446	239	2047	4897	2548	8151	18191	3053	9624
年份	2009	2010	2011	2012	2013	2014	2015				
世界	7770611	9217025	10342448	11659697	13714273	14241066	15407423				
亚洲	3981117	4265811	5102172	5429281	6439758	6483818	6907010				
文莱	1953	3843	4377	6257	8766	3822	8653				
缅甸	83030	133316	144684	219811	126126	81856	189471				
柬埔寨	39782	64818	82530	117150	143077	96533	121396				
朝鲜	1801	3018	5610	10667	12088	9049	1832				

续表

年份	2009	2010	2011	2012	2013	2014	2015				
中国香港	179860	159148	197255	278729	302814	372760	402744				
印度尼西亚	264688	351773	345935	346415	471874	458443	481528				
日本	18349	25781	24092	46443	62094	33406	44346				
老挝	41294	57310	98918	190523	196887	232773	321606				
中国澳门	53413	113538	50157	46594	41845	79792	147710				
马来西亚	115398	130840	214546	237311	253013	310112	356227				
蒙古	50991	25124	65442	84063	107163	114102	93484				
菲律宾	56423	177258	128502	116112	124668	134928	204150				
新加坡	199893	226734	252784	288006	280991	337607	354079				
韩国	61318	9871	21088	10164	20152	39342	27393				
泰国	52682	46165	66845	107853	131931	183624	281007				
越南	237106	310961	319342	299763	359283	398439	352317				
中国台湾	4624	16515	3580	3746	2616	8702	3945				

资料来源：中华人民共和国国家统计局。

参考文献

中文文献

陈峰君：《金融危机后亚太格局的变化》，《世界经济与政治》1999年第1期。

陈文：《两广地区东南亚留学生眼中的中国国家形象》，《世界经济与政治》2012年第11期。

杜德斌、马亚华：《"一带一路"：中华民族复兴的地缘大战略》，《地理研究》2015年第6期。

范爱军、方学芹：《中、日、韩三国劳务合作的现状、问题及对策分析》，《世界经济》2002年第4期。

樊茂清、黄薇：《基于全球价值链分解的中国贸易产业结构演进研究》，《世界经济》2014年第2期。

范洪颖：《全球化背景下东亚一体化理论适用问题探讨》，《东南亚研究》2007年第3期。

方长平：《中美软实力比较及其对中国的启示》，《世界经济与政治》2007年第7期。

冯永琦：《东亚区域的生产分工、产品需求结构与贸易模式转型》，《当代亚太》2011年第3期。

傅梦孜：《关于中国国际影响力问题的若干思考》，《现代国际关系》2011 年第 1 期。
傅梦孜、楼春豪：《关于“21 世纪海上丝绸之路”建设的若干思考》，《现代国际关系》2015 年第 3 期。
韩爱勇：《东亚地区主义何以走向衰落?》，《外交评论》（外交学院学报）2015 年第 5 期。
郝建：《国际社会资本：提升中国国际影响力的规范逻辑》，《贵州社会科学》2012 年第 12 期。
贺平：《区域性公共产品与东亚的功能性合作——日本的实践及其启示》，《世界经济与政治》2012 年第 1 期。
蒋冠宏、蒋殿春：《中国对外投资的区位选择：基于投资引力模型的面板数据检验》，《世界经济》2012 年第 9 期。
江瑞平：《论中国经济增长与东亚经济合作的良性互动》，《外交评论》（外交学院学报）2006 年第 6 期。
纪鸿超：《中国与东亚各国的相互影响力研究——基于 I-RBC 理论的检验》，《亚太经济》2013 年第 6 期。
金熙德：《“后‘雁行模式’”时代的中日关系》，《世界经济与政治》2002 年第 8 期。
居黎东：《文化与国家形象、国际影响力》，《当代世界》2005 年第 12 期。
李东、栾雅钧：《浅议中国与东南亚国家的国际贸易关系》，《世界经济研究》2001 年第 4 期。
李路曲：《东亚的中产阶级、市民社会与政治转型》，《当代亚太》2000 年第 11 期。
李晓明：《国家形象与软权力——论运用非军事手段维持增进国家的对外影响力》，《太平洋学报》2002 年第 4 期。
刘昌黎：《论日本政府回避中日自由贸易区的原因与中国的对策》，《世界经济与政治》2006 年第 12 期。

刘重力、赵颖：《东亚区域在全球价值链分工中的依赖关系——基于 TiVA 数据的实证分析》，《南开经济研究》2014 年第 5 期。

刘舸：《韩国对外 ODA 政策的背景及特征》，《当代韩国》2008 年第 2 期。

刘志迎、赵倩：《产业链概念、分类及形成机理研究述评》，《工业技术经济》2009 年第 10 期。

柳剑平、孙云华：《垂直专业化分工与中国对东亚经济体的贸易逆差》，《世界经济研究》2006 年第 7 期。

卢锋：《产品内分工》，《经济学》2004 年第 4 期。

卢荣忠、王春梅：《八十年代以来世界有形商品贸易的结构变化特点及其原因》，《亚太经济》1997 年第 2 期。

马必胜、刘静烨：《东亚地区主义的演变：地缘经济的需求与地缘政治的限制》，《国外理论动态》2015 年第 2 期。

门洪华：《中国软实力评估报告（上）》，《国际观察》2007 年第 2 期。

门洪华、刘笑阳：《中国伙伴关系战略评估与展望》，《世界经济与政治》2015 年第 2 期。

莫盛凯：《中国公共外交之理论与实践刍议》，《外交评论》2013 年第 4 期。

庞中英：《地区化、地区性与地区主义——论东亚地区主义》，《世界经济与政治》2003 年第 11 期。

秦瑜明、赵晓菲：《试论全球化进程背景下的新闻传播与国家影响力》，《现代传播》（中国传媒大学学报）2012 年第 4 期。

宋德玲、李盛基：《中国对日劳务输出的特点和趋势》，《国际经济合作》2012 年第 5 期。

田野：《对外经济政策的政治学—社会联盟理论解析》，《国际政治科学》2008 年第 2 期。

王成金、孙东琪：《国家经济增速与国家竞争力/影响力的时空关系》，《地理科学》2016 年第 7 期。

王明国：《国际制度复杂性与东亚一体化进程》，《当代亚太》2013 年第 1 期。

王正绪、杨颖：《中国在东南亚民众心目中的形象——基于跨国问卷调查的分析》，《现代国际关系》2009 年第 5 期。

温忠麟、刘红云，侯杰泰：《调节效应和中介效应分析》，教育科学出版社 2012 年版。

吴友富：《对外文化传播与中国国家形象塑造》，《国际观察》2009 年第 1 期。

夏立平：《新东亚区域主义发展及其影响》，《当代亚太》2005 年第 6 期。

项飚：《劳工移植东亚的跨国劳动力流动和“点对点”式的全球化》，《开放时代》2011 年第 5 期。

谢锐、郭欢：《中间产品贸易视角下中国融入东亚区域生产网络的影响研究》，《国际贸易问题》2016 年第 3 期。

许静、韩晓梅：《品牌国家策略与提升中国文化国际影响力——基于印度尼西亚“中国文化印象调查”的分析》，《外交评论》（外交学院学报）2016 年第 3 期。

徐晏卓：《变动中的亚洲秩序与中国影响力分析》，《上海交通大学学报》（哲学社会科学版）2017 年第 3 期。

徐毅：《中国贸易顺差的结构分析与未来展望》，《国际贸易问题》2010 年第 2 期。

杨国亮、张元虹：《论当代国际分工的深化及其对世界经济格局的影响》，《当代经济研究》2007 年第 7 期。

杨鲁慧：《中产阶级的崛起与东亚的政治转型》，《当代亚太》2006 年第 1 期。

杨原：《世界主要国家实力与影响力（2014 年）》，《全国政治与安全报告》，社会科学文献出版社 2015 年版。

杨原：《武力胁迫还是利益交换？——大国无战争时代大国提高国际影响力的核心路径》，《外交评论》（外交学院学报）2011 年第 4 期。

余诚、秦向东：《从贸易角度看东亚经济一体化进程》，《对外经济贸易大学学报》（国际商务版）2011 年第 5 期。

郁建兴：《发展主义意识形态的反思与批判》，《马克思主义研究》2008 年第 11 期。

于津平：《中国与东亚主要国家和地区间的比较优势与贸易互补性》，《世界经济》2003 年第 5 期。

余南平：《法国在南部非洲国家的影响力塑造——以法国对非洲援助为视角》，《欧洲研究》2012 年第 4 期。

张捷：《东亚国际分工体系的演变与中国的政策选择》，《当代亚太》2005 年第 8 期。

张丽：《经济全球化与中国——基于国际劳动分工与不平等交换的视角》，《世界经济与政治》2008 年第 6 期。

张如庆：《中国对外直接投资与对外贸易的关系分析》，《世界经济研究》2005 年第 3 期。

张少军、张少华：《中国国际收支双顺差形成的微观机理探究——基于全球价值链视角的实证分析》，《当代财经》2008 年第 9 期。

张锡镇：《中泰关系近况与泰国社会厌华情绪》，《东南亚研究》2016 年第 3 期。

章一平：《软实力的内涵与外延》，《现代国际关系》2006 年第 11 期。

张蕴岭：《中国同东亚的经济一体化与合作》，《当代亚太》2006 年第1期。
张宗斌：《构建东亚经济增长的“新双头列车”机制》，《现代经济探讨》2005年第7期。
赵张耀、汪斌：《网络型国际产业转移模式研究》，《中国工业经济》2005年第10期。
郑永年、张弛：《国际政治中的软力量以及对中国软力量的观察》，《世界经济与政治》2007年第7期。
郑先武：《区域间合作与东亚区域主义》，《国际观察》2009年第6期。
竺彩华：《东亚经济合作何去何从？——从中美日实力消长谈起》，《外交评论》2012年第1期。
朱凤岚：《日本对华官方援助的定位及评价》，《当代亚太》2004年第12期。
周弘：《中国对外援助与改革开放30年》，《世界经济与政治》2008年第11期。
[巴西] 特奥托尼奥·多斯桑托斯著，杨衍永、齐海燕等译：《帝国主义与依附》，社会科学文献出版社1999年版。
[美] 布鲁斯·拉斯特、哈维·斯塔尔著，王玉珍等译：《世界政治：供选择的菜单》，华夏出版社2001年版。
[美] 汉斯·摩根索：《国家间政治：权力斗争与和平》，徐昕等译，北京大学出版社2006年版。
[美] 华尔特·惠特曼·罗斯托著，国际关系研究所编译室译：《经济成长的阶段——非共产党宣言》，商务印书馆1962年版。
[美] 卡齐米耶日·Z. 波茨南斯基著，刘耀辉译：《全球化的理论与实践》，《国外理论动态》2002年第8期。
[美] 肯尼思·华尔兹著，信强译：《国际政治理论》，上海人民出版社2008年版。

［美］罗伯特·基欧汉、约瑟夫·奈:《权力与相互依赖》, 门洪华译, 北京大学出版社 2002 年版。

［美］罗纳德·英格尔哈特:《变化中的价值观: 经济发展与政治变迁》,《国际社会科学杂志（中文版）》1996 年第 3 期。

［美］约瑟夫·奈著, 王缉思、赵明昊译:《中国软实力的兴起及其对美国的影响》,《世界经济与政治》2009 年第 6 期。

英文文献

Adrian Leftwich, "Bringing Politics Back in: Towards a Model of the Developmental State," *The Journal of Development Studies*, Vol. 31, No. 3, 1995, pp. 400 – 427.

Alastair Iain Johnston, "How New and Assertive is China's New Assertiveness?" *International Security*, Vol. 37, No. 4, 2013, pp. 7 – 48.

Albert O. Hirschman, *The Strategy of Economic Development*, New Haven, Conn.: Yale University Press, 1958.

Alex Fernandez Jilberto and Barbara Hogenboom, "DevelopingRegions Facing China in a Neo-liberalized World," *Journal of Developing Societies*, Vol. 23, No. 3, 2007, pp. 305 – 339.

Alexander Wendt, *Social Theory of International Politics*, Cambridge University Press, 1999.

Andrew Scobell and Scott W. Harold, "An 'Assertive' China? Insights from Interviews," *Asian Security*, Vol. 9, No. 2, 2013, pp. 111 – 131.

Anthony McGrew, "A Global Society," in Stuart Hall, David Held, and Anthony McGrew, eds., *Modernity and Its Futures*, Cambridge: Polity Press, 1990, pp. 61 – 116.

Barry Sautman and Yan Hairong, "African Perspectives on China-Africa Links," *The China Quarterly*, Vol. 199, 2009, pp. 728 – 759.

Barry Sautman and Yan Hairong, "Friends and Interests: China's Dinstinctive Links with Africa," *African Studies Review*, Vol. 50, No. 3, 2007, pp. 75 – 114.

Bates Gill and Yanzhong Huang, "Sources and limits of Chinese 'Soft Power'," *Survival*, Vol. 48, No. 2, 2006, pp. 17 – 36.

Ben Rosamond, *Theories of European integration*, New York: St. Martin's Press, 2000.

Bernstein, Richard and Ross Munro, "The Coming Conflict with America," *Foreign Affairs*, Vol. 76, No. 2, 1997, pp. 18 – 32.

Björn Hettne, "Globalization and the New Regionalism: The Second Great Transformation," in *Globalism and the New Regionalism*, Palgrave Macmillan UK, 1999, pp. 1 – 24.

Bridget Welshand Alex Chang, "Choosing China: public perceptions of 'China as a model'," *Journal of Contemporary China*, Vol. 24, No. 93, 2015, pp. 442 – 456.

Che Yi, et al. "Does Trade Liberalization with China Influence US Elections?" *National Bureau of Economic Research*, No. w22178, 2016.

Chen Minglu and David S. Goodman, "The China model: one country, six authors," *Journal of Contemporary China*, Vol. 73, No. 21, 2012, pp. 169 – 185.

D' Hooge, Ingrid, *The Limits of China's Soft Power in Europe: Beijing's Public Diplomacy Puzzle*, Clingendael: Netherlands Institute of International Relations, 2010.

Dan Slater, "Iron Cage in an Iron Fist: Authoritarian Institutions and the

Personalization of Power in Malaysia," *Comparative Politics*, Vol. 36, No. 1, 2003, pp. 81 – 101.

David Goldblatt, David Held, Anthony McGrew and Jonathan Perraton, "Globalization and the Nation-State: Shifting Balances of Power," *Alternatives*, Vol. 22, No. 3, 1997, pp. 269 – 285.

David Held, "Democracy and Globalization," *Global Governance*, Vol. 3, No. 3, 1997, pp. 253 – 254.

David M. Andrews, "Capital Mobility and State Autonomy: Toward a Structural Theory of International Monetary Relations," *International Studies Quarterly*, Vol. 38, No. 2, 1994, pp. 193 – 218.

David Martin Jones, "Democratization, Civil Society and Illiberal Middle Class Culture in Pacific Asia," *Comparative Politics*, Vol. 30, No. 2, 1998, pp. 147 – 169.

David Mitrany, *A Working Peace System*, Chicago: Quadrangle Books, 1966.

Dilip K. Das, "China and the Asian Economies: mutual acceptance, economic interaction and interactive dynamics," *Journal of Contemporary China*, Vol. 22, No. 84, 2013, pp. 1089 – 1105.

Ding, S. , "To Build a 'Harmonious World': China's Soft Power Wielding in the Global South," *Journal of Chinese Political Science*, Vol. 13, No. 2, 2008, pp. 193 – 218.

Duane Swank and Hans-Georg Betz, "Globalization, the Welfare State and Right-Wing Populism in Western Europe," *Socio-Economic Review*, Vol. 1, No. 2, 2003, pp. 215 – 245.

Edward D. Mansfield, Helen V. Milner, and B. Peter Rosendorff, "Why Democracies Cooperate More: Electoral Control and International Trade Agreements," *International Organization*, Vol. 56,

No. 3, 2002, pp. 477 -513.

Eelco Harteveld, "Winning the 'Losers' but Losing the 'Winners'? The Electoral Consequences of the Radical Right Moving to the Economic Left," *Electoral Studies*, Vol. 44, 2016, pp. 225 -234.

Ernst B. Haas, "International Integration: The European and the Universal Process," *International Organization*, Vol. 15, No. 3, 1961, pp. 366 -392.

Ernst Haas, *The Uniting of Europe*, Stanford: Stanford Univ. Press, 1958.

Ernst Haas, *Beyond the Nation State*, Stanford: Stanford Univ. Press, 1964.

Falk Hartig, "Confucius Institutes and the Rise of China," *Journal of Chinese Political Science*, Vol. 17, No. 1, 2012, pp. 53 -76.

Firoze Manji and Stephan Marks, *African Perspective on China in Africa*, Nairobi: Fahamu, 2001.

Garry Rodan, *Transparency and Authoritarian Rule in Southeast Asia: Singapore and Malaysia*, London and New York: Routledge, 2004.

Gary Gereffi, John Humphrey and Timothy Sturgeon, "The Governance of Global Value Chains," *Review of International Political Economy*, Vol. 12, No. 1, 2005, pp. 78 -104.

George Cherian, "Consolidating Authoritarian rule: Calibrated Coercion in Singapore," *The Pacific Review*, Vol. 20, No. 2, 2007, pp. 127 -145.

Gerard George, Anita M. McGahan and JaideepPrabhu, "Innovation for Inclusive Growth: Towards a Theoretical Framework and a Research Agenda," *Journal of Management Studies*, Vol. 49, No. 4, 2012, pp. 661 -683.

Gereffi Gary, John Humphrey and Timothy Sturgeon, "The Governance of Global Value Chains," *Review of International Political Economy*, Vol. 12, No. 1, 2005, pp. 78 – 104.

Gertz, Bill, *The China Threat: How the People's Republic Targets America*, Washington, D. C.: Regnery, 2000.

Graham Carol, "Winners and Losers: Perspectives on Globalization from the Emerging Market Economies," *The Brookings Review*, Vol. 19, No. 4, 2001, pp. 22 – 25.

Gregory G. Holyk, "Paper Tiger? Chinese Soft Power in East Asia," *Political Science Quarterly*, Vol. 126, No. 2, 2011, pp. 223 – 254.

Guido Cella, "The Input-Output Measurement of Interindustry Linkages," *Oxford Bulletin of Economics and Statistics*, Vol. 46, No. 1, 1984, pp. 73 – 84.

Guillaume Gaulier, Françoise Lemoine, Deniz Ünal-Kesenci, "China's Integration in East Asia: Production Sharing, FDI and High-tech Trade," *CEPII*, Working Paper No. 2005 – 2009, pp. 43 – 44.

Harold H. Kelley, "The processes of causal attribution," *American psychologist*, Vol. 28, No. 2, 1973, p. 107.

Herman, Edward S. and Noam Chomsky, *Manufacturing Consent: The Political Economy of the Mass Media*, Random House, 2010.

Jacob Cohen, *Statistical Power Analysis for the Behavioral Sciences*, Mahwah, NJ: Erlbaum, 1988.

Jacob Cohen, *Statistical Power Analysis for the Behavioral Sciences*, Mahwah, NJ: Erlbaum, 1988.

James F. Paradise, "China and International Harmony: The Role of Confucius Institutes in Bolstering Beijing's Soft Power," *Asian Survey*,

Vol. 49, No. 4, 2009, pp. 647 – 669.

Jan Nederveen Pieterse, "Dilemmas of Development Discourse: The Crisis of Developmentalism and the Comparative Method," *Development and Change*, Vol. 22, No. 1, 1991, pp. 5 – 29.

Jean A. Garrison, "China's Prudent Cultivation of 'Soft' Power and Implications for U. S. Policy in East Asia," *Asian Affairs: An American Review*, Vol. 32, No. 1, 2005, pp. 25 – 30.

Jeffrey Henderson, Peter Dicken and Martin Hess, et al., "Global Production Networks and the Analysis of Economic Development," *Review of International Political Economy*, Vol. 9, No. 3, 2002, pp. 436 – 464.

Jeffry A. Frieden, "Invested Interests: The Politics of National Economic Policies in a World of Global Finance," *International Organization*, Vol. 45, No. 4, 1991, pp. 425 – 451.

Jennifer Cooke (ed.), *US and Chinese Engagement in Africa: Prospects for Improving US-China-Africa Cooperation*, Washington, DC: Center of Strategic and International Studies, 2008.

Joanna Chataway, Rebecca Hanlin and Raphael Kaplinsky, "Inclusive Innovation: An Architecture for Policy Development," *Innovation and Development*, Vol. 4, No. 1, 2014, pp. 33 – 54.

Joanne Kay and Suzanne Laberge, "The 'New' Corporate Habitus in Adventure Racing," *International Review for the Sociology of Sport*, Vol. 37, No. 1, 2002, pp. 17 – 36.

Johan Norberg, "China Paranoia Derails Free Trade," *Far Eastern Economic Review*, Vol. 169, No. 1, 2006, pp. 46 – 49.

John B. Knight, "China as a Developmental State," *The World Economy*, Vol. 37, No. 10, 2014, pp. 1335 – 1347.

John Friedmann and Goetz Wolff, "World City Formation: An Agenda for Research and Action," *International Journal of Urban and Regional Research*, Vol. 6, No. 3, 1982, pp. 309 – 344.

John Friedmann, " The World City Hypothesis," *Development and hange*, Vol. 17, No. 1, 1986, pp. 69 – 83.

John Humphrey and Hubert Schmitz, " Governance in Global Value Chains," *IDS Bulletin*, Vol. 32, No. 3, 2001, pp. 19 – 29.

John Humphrey and Hubert Schmitz, "How does Insertion in Global Value Chains Affect Upgrading in Industrial Clusters?," *Regional Studies*, Vol. 36, No. 9, 2002, pp. 1017 – 1027.

John R. P. French, Bertram H. Raven, "The Bases of Social Power," in Jay M. Shafritz, J. Steven Ott and Yong Suk Jang, eds. , *Classics of Organization Theory*, Boston: Cengage Learning, 2010, pp. 151 – 157.

John Wang and Sarah Chan, " China-ASEAN Free Trade Agreement: Shaping Future Economic Relations," *Asian Survey*, Vol. 43, No. 3, 2003, pp. 507 – 526.

Johnston, Ian Alastair, "Is China a Status Quo Power?" *International Security*, Vol. 27, No. 4, 2003, pp. 5 – 56.

Jonathan V. Beaverstock, Peter J. Taylor and Richard G. Smith, " A Roster of World Cities," *Cities*, Vol. 16, No. 6, 1999, pp. 445 – 458.

Joseph Cooper Ramo, *The Beijing Consensus*, London: The Foreign Policy Centre, 2004.

Joseph S. Nye, "Public Diplomacy and Soft Power," *The Annals of the American Academy of Political and Social Science*, Vol. 616, No. 1, 2008, pp. 94 – 109.

Joseph S. Nye, "Soft Power and American Foreign Policy," *Political Science Quarterly*, Vol. 119, No. 2, 2004, pp. 255 – 279.

Joseph S. Nye, "Think Again: Soft Power," *Foreign Policy*, February 23rd, 2006.

Joseph S. Nye, *Bound to Lead: The Changing Nature of American Power*, New York: Basic Books, 1990.

Joseph S. Nye, *Soft Power: The Means to Success in World Politics*, New York City: Public Affairs, 2004.

Joshua Kurlantzick, *Charm Offensive: How China's Soft Power Is Transforming the World*, New York: Yale University Press, 2007.

Kagan, Robert, "The Illusion of 'Managing' China," *Washington Post*, 15 May, 2005.

Kai Arzheimer and Elisabeth Carter, "Political Opportunity Structures and Right-Wing Extremist Party Success," *European Journal of Political Research*, Vol. 45, No. 3, 2006, pp. 419 – 443.

Kai Arzheimer, "Contextual Factors and the Extreme Right Vote in Western Europe, 1980 – 2002," *American Journal of Political Science*, Vol. 53, No. 2, 2009, pp. 259 – 275.

Katherine Barbieri, "Globalization and Peace: Assessing New Direction in the Study of Trade and Conflict," *Journal of Peace Research*, Vol. 26, No. 4, 1999, pp. 387 – 404.

Kathryn, Sikkink, *Ideas and institutions: developmentalism in Brazil and Argentina*, Cornell University Press, 1991.

Kirshner, Jonathan, "The Tragedy of Offensive Realism: Classical Realism and the Rise of China," *European Journal of International Relations*, Vol. 18, 2012, pp. 1 – 23.

Kiyoshi Kojima, "The 'Flying Geese' Model of Asian Economic Development: Origin, Theoretical Extensions and Regional Policy Implications," *Journal of Asian Economics*, Vol. 11, No. 4, 2000, pp. 375 –401.

Kurlantzick, Joshua, *Charm Offensive: How China's Soft Power Is Transforming the World*, London: Yale University Press, 2007.

Leona S. Aiken and Stephen G. West, *Multiple Regression: Testing and Interpreting Interactions*, *Newbury Park*, California: Sage, 1991.

Leung, Chi-Cheng and Hilary du Cros, "Impact of Confucius Institutes," *China: An International Journal*, Vol. 12, No. 2, 2014, pp. 66 –86.

Li, Rex, "The China Challenge: Theoretical Perspectives and Policy Implications," *Journal of Contemporary China*, Vol. 8, No. 22, 1999, pp. 443 –446.

Mansoo Jee, "Korea's Dynamic Economic Partnership with a Rising China: Time for Change," *Journal of International and Area Studies*, Vol. 19, No. 2, 2012, pp. 63 –75.

Martin Jacques, *When China Rules the World: The Rise of the Middle Kingdom and the End of the Western World*, London: Allen Lane, 2009.

McCombs, Maxwell, *Setting the agenda: The Mass Media and Public Opinion.* John Wiley & Sons, 2013.

Michael Chege, *Economic relations between Kenya and China*, 1963 –2007, The Guardian (London), 2006.

Michael E. Porter, *Competitive Advantage of Nations: Creating and Sustaining Superior Performance*, New York: Simon & Schuster, 2011.

Michael E. Porter, *Competitive Advantage: Creating and Sustaining Superior Performance*, New York: Free Press, 1985.

Michael J. Hiscox, "Commerce, Coalitions, and Factor Mobility: Evidence from Congressional Votes on Trade Legislation," *The American Political Science Review*, Vol. 96, No. 3, 2002, pp. 593 – 608.

Michael K. Connors, "Article of Faith: The Failure of Royal Liberalism in Thailand," *Journal of Contemporary Asia*, Vol. 38, No. 1, 2008, pp. 143 – 165.

Mike Morris and Cornelia Staritz, " Industrialization Trajectories in Madagascar's Export Apparel Industry: Ownership, Embeddedness, Markets, and Upgrading," *World Development*, Vol. 56, No. 56, 2014, pp. 243 – 57.

Minglu Chen and David S. Goodman, "The China Model: One Country, Six Authors," *Journal of Contemporary China*, Vol. 21, No. 73, 2012, pp. 169 – 185.

Min-hua Huang and Yun-han Chu, "The Sway of Geopolitics, Economic Interdependence and Cultural Identity: why are some Asians more favorable toward China's rise than others?" *Journal of Contemporary China*, Vol. 24, No. 93, 2015, pp. 421 – 441.

Min-Hua Huang and Bridget Welsh, "Follow the Leader? Soft Power of China and the US Compared," Paper prepared for delivery at conference on "China's Rise: Assessing Views from East Asia and the United States", co-organized by the Brookings Institution's John L. Thornton China Center and Center for Northeast Asian Policy Studies, March 29, 2013.

Min-hua Huang and Yun-han Chu, "The Sway of Geopolitics, Economic Interdependence and Cultural Identity: Why are Some Asians More Favorable toward China's Rise than Others?", *Journal of Contempo-*

rary China, Vol. 24, No. 93, 2015, pp. 421 -441.

Mitchell Bernard and John Ravenhill, "Beyond Product Cycles and Flying Geese: Regionalization, Hierarchy and the Industrialization of East Asia," *World Politics*, Vol. 47, No. 2, 1995, pp. 171 -209.

Mitsuyo Ando and Fukinari Kimura, "The Formation of International Production and Distribution Networks in East Asia," *NBER* Working Paper, No. 10167, 2003.

O'Sullivan, John, "A Yellow Peril? No: Excesses of the New Anti-China Lobby," *National Review*, Vol. 52, No. 8, 2000, pp. 28 -30.

Paradise, J. F., "China and International Harmony: The Role of Confucius Institutes in Bolstering Beijing's Soft Power." *Asian Survey*, Vol. 49, No. 4, 2009, pp. 647 -669.

Paul L. Knox, "World Cities in a World-System," in Paul L. Knox and Peter Taylor, eds., *World Cities in a World-System*, Cambridge: Cambridge University Press, 1995.

Paul Moorcraft, "Why Beijing Is Winning in Africa," *Business Day*, February 2, 2007.

Pei-Hsiu Chen, "The Vulnerability of Thai Democracy: Coups d' etat and Political Changes in Modern Thailand," in *Contemporary Socio-Cultural and Political Perspectives in Thailand*, Springer: Netherlands, 2014, pp. 185 -207.

Peter Gourevitch, "International Trade, Domestic Coalitions, and Liberty: Comparative Responses to the Crisis of 1873 -1896," *The Journal of Interdisciplinary History*, Vol. 8, No. 2, 1977, pp. 281 -313.

Peter Gourevitch, *Politics in Hard Times: Comparative Responses to International Economic Crises*, New York: Cornell University Press, 1986.

Pierre Bourdieu and Richard Nice (trans.), *Distinction: A Social Cri-*

tique of the Judgment of Taste, Cambridge, MA: Harvard University Press, 1984.

Pierre Bourdieu and Richard Nice (trans.), *Outline of a Theory of Practice*, Cambridge: Cambridge University Press, 1977.

Piyasiri Wickramasekera: "Asian Labor Migration: Issues and Challenges in an Era of Globalization," *International Migration Papers*, No. 57, 2002, p. 14.

Princeton Lyman, "China's Rising Role in Africa: Presentation to the US China Commission," Testimony at a hearing of the U. S. – China Economic and Security Review Commission, Washington DC, July 21, 2005.

Ranjay Gulati, *Managing Network Resources: Alliances, Affiliations, and Other Relational Assets*, Oxford: Oxford University Press, 2007.

Raudenbush, Stephen W., and Anthony S. Bryk, *Hierarchical Linear Models: Applications and Data Analysis Methods*, Sage, 2002.

Richard E. Baldwin, "Managing The Noodle Bowl: The Fragility Of East Asian Regionalism," *Singapore Economy Review*, Vol. 53, No. 3, 2008, pp. 449 – 478.

Richard Pomfret, "Transition and Democracy in Mongolia," *Europe-Asia Studies*, Vol. 52, No. 1, 2000, pp. 149 – 160.

Richard Stubbs, "ASEAN Plus Three: Emerging East Asian Regionalism?" *Asian Survey*, Vol. 42, No. 3, 2002, pp. 440 – 455.

Robert Gilpin, *Global Political Economy: Understanding the International Economic Order*, Princeton University Press, 2001.

Robert O. Keohane and Joseph S. Nye, "Globalization: What's New? What is Not?" *Foreign Policy*, Vol. 118, No. 118, 2000, pp. 104 – 119.

Robert O. Keohane, *International Institutions and State Power: Essays In International Relations Theory*, Boulder: Westview, 1989.

Ronald E. Miller and Peter D. Blair, *Input-Output Analysis: Foundations and Extensions*, Cambridge: Cambridge University Press, 2009.

Ronald Rogowski, "Political Cleavages and Changing Exposure to Trade," *The American Political Science Review*, Vol. 21, No. 4, 1987, pp. 1121 – 1137.

Sandra Graham and Valerie S. Folkes, *Attribution theory: Applications to Achievement, Mental Health, and Interpersonal Conflict*, Psychology Press, 2014.

Saskia Sassen, *The Global City: New York, London, Tokyo*, Princeton: Princeton University Press, 2001.

Sautman, Barry and Yan Hairong, "Friends and Interests: China's Distinctive Links with Africa," *African Studies Review*, Vol. 50, No. 3, 2007, pp. 75 – 114.

Seungmin John Kuk, Deborah Seligsohn, Jiakun Jack Zhang, "The Effect of Rising Import Competition on Congressional Voting Towards China," *Journal of Contemporary China*, 2017, forthcoming.

Shahar Hameiri, "China's 'Charm Offensive' in the Pacific and Australia's Regional Order," *The Pacific Review*, Vol. 28, No. 5, 2015, pp. 631 – 654.

Sheng Ding, "To Build a 'Harmonious World': China's Soft Power Wielding in the Global South," *Journal of Chinese Political Science*, Vol. 13, No. 2, 2008, pp. 193 – 213.

Sheng Ding, "To Build a 'Harmonious World': China's Soft Power Wielding in the Global South," *Journal of Chinese Political Science*, Vol. 13, No . 2, 2008, pp. 193 – 213.

Soloman W. Polachek, "Conflict and Trade," *Journal of Conflict Resolution*, *Vol.* 24, No. 1, 1980, pp. 55 – 78.

Stefan Halper, *The Beijing Consensus: How China's Authoritarian Model Will Dominate the Twenty-First Century*, New York: Basic Books, 2010.

Stephen D. Krasner, *Defending the National Interest: Raw Materials Investments and US Foreign Policy*, Princeton: Princeton University Press, 1978.

Stephen Hymer, "The Multinational Corporation and the Law of Uneven Development," in J. Bhagwati, eds., *Economics and World Order from the*1970*s to the* 1990*s*, New York: Collier-Mac-Millan, 1972.

Stephen P. Bradley, Jerry A. Hausman, Richard A. Nolan, *Globalization, Technology, and Competition: The Fusion of Computers and Telecommunications in the* 1990*s*, Boston: Harvard Business School Press, 1993.

Susan M. McMillan, "Interdependence and Conflict," *Mershon International Studies Review*, Vol. 41, No. 1, 1997, pp. 33 – 58.

Sumantra Ghoshal and Christopher A. Bartlett, "The Multinational Corporation as an Inter-organizational Network," *Academy of Management Review*, Vol. 15, No. 4, 1990, pp. 603 – 625.

Thomas J. Christensen, "The Advantages of an Assertive China: Responding to Beijing's Abrasive Diplomacy," *Foreign Affairs*, Vol. 90, No. 1, 2011, pp. 54 – 67.

Tony Smith, "Requiem or New Agenda for Third World Studies?" *World Politics*, Vol. 37, No. 4, 1985, pp. 532 – 561.

Verena Fritz, "Mongolia: The Rise and Travails of a Deviant Democracy," *Democratization*, Vol. 15, No. 4, 2008, pp. 766 – 788.

Vivien Foster, *Building Bridges: China's Growing Role as Infrastructure Financier for Sub-Saharan Africa*, Washington, DC: World Bank Publications, 2009.

Wei Liang, "China's soft power in Africa: Is Economic Power Sufficient?" *Asian Perspective*, Vol. 36, No. 4, 2012, pp. 667 – 692.

Yan Xuetong, "The Path for China to Increase its Soft Power," *China and World Affairs*, Vol. 2, Issue 1, 2006, pp. 1 – 3.

Young Nam Cho and Jong Ho Jeong, "China's Soft Power, Discussions, Resources, and Prospects," *Asian Survey*, Vol. 48, Issue 3, 2008, pp. 453 – 472.

Yun-han Chu, Liu Kang and Min-hua Huang, "How East Asians View the Rise of China," *Journal of Contemporary China*, Vol. 24, No. 93, 2015, pp. 398 – 420.

Zhang Yunling, *China and Asian Regionalism*, Singapore: World Scientific Publishing, 2010.

Zhao Hong, "Japan and China: Competing for Good Relations with Myanmar," *The Journal of East Asian Affairs*, Vol. 28, No. 2, 2014, pp. 1 – 23.

网络资源

凤凰网：http：//www. ifeng. com/

环球网：http：//www. huanqiu. com/

新华网：http：//www. xinhuanet. com/

亚洲民主动态调查：http：//www. asianbarometer. org/data/data-release

中国对外承包工程商会：http：//www. chinca. org/

中国经济网：http：//www. ce. cn/
中国新闻网：http：//www. chinanews. com/
中华人民共和国国家统计局：http：//www. stats. gov. cn/
中华人民共和国国务院：http：//www. gov. cn/
中华人民共和国商务部：http：//www. mofcom. gov. cn/
中华人民共和国外交部：http：//www. fmprc. gov. cn/web/
AidChina：http：//china. aiddata. org/
Central Intelligence Agency（CIA）：https：//www. cia. gov/index. html
Financial Times（FT）中文网：http：//www. ftchinese. com/
Globalization and World Cities（GaWC）：http：//www. lboro. ac. uk/gawc/index. html
IMF Database：http：//www. imf. org/external/data. htm
International Labor Organization（ILO）：http：//www. ilo. org/global/lang—en/index. htm
Organization for Economic Co-operation and Development（OECD）：http：//stats. oecd. org/glossary/detail. asp？ID =6043
UNCTADstat.：http：//unctadstat. unctad. org/EN/
World Bank：https：//data. worldbank. org/